L'Idéologie Allemande

Karl Marx et Friedrich Engels

Copyright © 2022 by Culturea
Édition : Culturea 34980 (Hérault)
Impression : BOD - In de Tarpen 42, Norderstedt (Allemagne)
ISBN : 9782382741993
Dépôt légal : Octobre 2022
Tous droits réservés pour tous pays

PRÉFACE

Jusqu'à présent les hommes se sont toujours fait des idées fausses sur eux-mêmes, sur ce qu'ils sont ou devraient être. Ils ont organisé leurs rapports en fonction des représentations qu'ils se faisaient de Dieu, de l'homme normal, etc. Ces produits de leur cerveau ont grandi jusqu'à les dominer de toute leur hauteur. Créateurs, ils se sont inclinés devant leurs propres créations. Libérons-les donc des chimères, des idées, des dogmes, des êtres imaginaires sous le joug desquels ils s'étiolent. Révoltons-nous contre la domination de ces idées. Apprenons aux hommes à échanger ces illusions contre des pensées correspondant à l'essence de l'homme, dit l'un, à avoir envers elles une attitude critique, dit l'autre, à se les sortir du crâne, dit le troisième et – la réalité actuelle s'effondrera.

Ces rêves innocents et puérils forment le noyau de la philosophie actuelle des Jeunes-Hégéliens, qui, en Allemagne, n'est pas seulement accueillie par le public avec un respect mêlé d'effroi, mais est présentée par les héros philosophiques eux-mêmes avec la conviction solennelle que ces idées d'une virulence criminelle constituent pour le monde un danger révolutionnaire. Le premier tome de cet ouvrage se propose de démasquer ces moutons qui se prennent et qu'on prend pour des loups, de montrer que leurs bêlements ne font que répéter dans un langage philosophique les représentations des bourgeois allemands et que les fanfaronnades de ces commentateurs philosophiques ne font que refléter la dérisoire pauvreté de la réalité allemande.

Il se propose de ridiculiser ce combat philosophique contre

l'ombre de la réalité, qui convient à la somnolence habitée de rêves où se complaît le peuple allemand, et de lui ôter tout crédit.

Naguère un brave homme s'imaginait que, si les hommes se noyaient, c'est uniquement parce qu'ils étaient possédés par l'idée de la pesanteur. Qu'ils s'ôtent de la tête cette représentation, par exemple, en déclarant que c'était là une représentation religieuse, superstitieuse, et les voilà désormais à l'abri de tout risque de noyade. Sa vie durant il lutta contre cette illusion de la pesanteur dont toutes les statistiques lui montraient, par des preuves nombreuses et répétées, les conséquences pernicieuses. Ce brave homme, c'était le type même des philosophes révolutionnaires allemands modernes.

FEUERBACH

Opposition de la conception matérialiste et idéaliste
[INTRODUCTION]

À en croire certains idéologues allemands, l'Allemagne aurait été, dans ces dernières années, le théâtre d'un bouleversement sans précédent. Le processus de décomposition du système hégélien, qui avait débuté avec Strauss, a abouti à une fermentation universelle où sont entraînées toutes les « puissances du passé ». Dans ce chaos universel, des empires puissants se sont formés pour sombrer tout aussi vite, des héros éphémères ont surgi pour être rejetés à leur tour dans les ténèbres par des rivaux plus hardis et plus puissants.

Ce fut une révolution au regard de laquelle la Révolution française n'a été qu'un jeu d'enfants, une lutte mondiale qui fait paraître mesquins les combats des Diadoques. Les principes se supplantèrent, les héros de la pensée se culbutèrent l'un l'autre avec une précipitation inouïe et, en trois ans, de 1842 à 1845, on a davantage fait place nette en Allemagne qu'ailleurs en trois siècles.

Tout cela se serait passé dans le domaine de la pensée pure.

Il s'agit certes d'un événement plein d'intérêt : le processus de décomposition de l'esprit absolu. Dès que se fut éteinte sa dernière étincelle de vie, les divers éléments de ce caput mortuum entrèrent en décomposition, formèrent de nouvelles combinaisons et constituèrent de nouvelles substances. Les industriels de la philosophie, qui avaient jusqu'alors vécu de l'exploitation de l'esprit absolu, se jetèrent maintenant sur ces nouvelles combinaisons. Et chacun de déployer un zèle inouï pour débiter la part qui lui était échue. Mais la chose ne pouvait aller sans concurrence. Au début, cette concurrence fut pratiquée d'une façon assez sérieuse et bourgeoise. Plus tard, lorsque le marché allemand fut encombré et que, malgré tous les efforts, la marchandise fut impossible à écouler sur le marché mondial, l'affaire fut viciée, comme il est de règle en Allemagne, par une fausse production de pacotille, l'altération de la qualité, la sophistication de la matière première, le maquillage des étiquettes, les ventes fictives, l'emploi de traites de complaisance et par un système de crédit dénué de toute base concrète.

Cette concurrence aboutit à une lutte acharnée qui nous est présentée et vantée maintenant comme une révolution historique, qui aurait produit les résultats et les conquêtes les plus prodigieux.

Mais pour apprécier à sa juste valeur cette charlatanerie philosophique qui éveille même dans le cœur de l'honnête bourgeois allemand un agréable sentiment national, pour donner une idée concrète de la mesquinerie, de l'esprit de clocher parfaitement borné de tout ce mouvement jeune-hégélien, et spécialement du contraste tragi-comique entre les exploits réels de ces héros et leurs illusions au sujet de ces mêmes exploits, il est nécessaire d'examiner une bonne fois tout ce vacarme d'un point de vue qui se situe en dehors de l'Allemagne.

A. L'IDÉOLOGIE EN GÉNÉRAL ET EN PARTICULIER L'IDÉOLOGIE ALLEMANDE

Même dans ses tout derniers efforts, la critique allemande n'a pas quitté le terrain de la philosophie. Bien loin d'examiner ses bases philosophiques générales, toutes les questions sans exception qu'elle s'est posées ont jailli au contraire du sol d'un système philosophique déterminé, le système hégélien. Ce n'est pas seulement dans leurs réponses, mais bien déjà dans les questions elles-mêmes qu'il y avait une mystification. Cette dépendance de Hegel est la raison pour laquelle vous ne trouverez pas un seul de ces modernes critiques qui ait seulement tenté de faire une critique d'ensemble du système hégélien, bien que chacun jure avec force qu'il a dépassé Hegel. La polémique qu'ils mènent contre Hegel et entre eux se borne à ceci : chacun isole un aspect du système hégélien et le tourne à la fois contre le système tout entier et contre les aspects isolés par les autres. On commença par choisir des catégories hégéliennes pures, non falsifiées, telles que la substance, la Conscience de soi, plus tard on profana ces catégories par des termes plus temporels tels que le Genre, l'Unique, l'Homme, etc.

Toute la critique philosophique allemande de Strauss à Stirner se limite à la critique des représentations religieuses. On partit de la véritable religion et de la théologie proprement dite. Ce que l'on entendait par conscience religieuse, par représentation religieuse, reçut par la suite des déterminations diverses.

Le progrès consistait à subordonner aussi à la sphère des représentations religieuses ou théologiques les représentations métaphysiques, politiques, juridiques, morales et autres, que l'on prétendait prédominantes ; de même, on proclamait que la conscience politique, juridique et morale est une conscience religieuse ou théologique, et que l'homme politique, juridique et moral, « l'homme » en dernière instance est religieux. On postula la domination de la religion. Et petit à petit, on déclara que tout rapport dominant était un rapport religieux et on le transforma en culte, culte du droit, culte de l'État, etc. Partout, on n'avait plus affaire qu'aux dogmes et à la foi dans les dogmes. Le monde fut canonisé à une échelle de plus en plus vaste jusqu'à ce que le vénérable saint Max pût le canoniser en bloc et le liquider ainsi une fois pour toutes.

Us vieux-hégéliens avaient compris toute chose dès l'instant qu'ils l'avaient ramenée à une catégorie de la logique hégélienne. Les jeunes-hégéliens critiquèrent tout, en substituant à chaque chose des représentations religieuses ou en la proclamant théologique. Jeunes et vieux-hégéliens sont d'accord pour croire, dans le monde existant, au règne de la religion, des concepts et de l'Universel. La seule différence est que les uns combattent comme une usurpation cette domination que les autres célèbrent comme légitime. Chez les jeunes-hégéliens, les représentations, idées, concepts, en un mot les produits de la conscience, qu'ils ont eux-mêmes promue à l'autonomie, passent pour les chaînes réelles des hommes au même titre qu'ils sont proclamés comme étant les liens réels de la société humaine par les vieux-hégéliens.

Il va donc de soi que les jeunes-hégéliens doivent lutter uniquement contre ces illusions de la conscience. Comme, dans leur imagination, les rapports des hommes, tous leurs faits et gestes, leurs chaînes et leurs limites sont des produits de leur conscience, les jeunes-hégéliens, logiques avec eux-mêmes, proposent aux hommes ce postulat moral : troquer leur conscience actuelle contre la conscience humaine, critique ou égoïste, et ce faisant, abolir leurs limites. Exiger ainsi la transformation de la conscience revient à interpréter différemment ce qui existe, c'est-à-dire à l'accepter au moyen d'une interprétation différente. En dépit de leurs phrases pompeuses, qui soi-disant « bouleversent le monde » les idéologues de l'école jeune-hégélienne sont les plus grands conservateurs. Les plus jeunes d'entre eux ont trouvé l'expression exacte pour qualifier leur activité, lorsqu'ils affirment qu'ils luttent uniquement contre une « phraséologie ». Ils oublient seulement qu'eux-mêmes n'opposent rien qu'une phraséologie à cette phraséologie et qu'ils ne luttent pas le moins du monde contre le monde qui existe réellement, en se battant uniquement contre la phraséologie de ce monde. Les seuls résultats auxquels put aboutir cette critique philosophique furent quelques éclaircissements en histoire religieuse – et encore d'un point de vue très étroit -, sur le christianisme ; toutes leurs autres affirmations ne sont que de nouvelles façons d'enjoliver leurs prétentions d'avoir apporté des découvertes d'une portée historique grâce à ces éclaircissements insignifiants.

Il n'est venu à l'idée d'aucun de ces philosophes de se demander quel était le lien entre la philosophie allemande et la réalité allemande, le lien entre leur critique et leur propre milieu matériel.

Les prémisses dont nous partons ne sont pas des bases arbitraires, des dogmes ; ce sont des bases réelles dont on ne peut faire abstraction qu'en imagination. Ce sont les individus réels, leur action et leurs conditions d'existence matérielles, celles qu'ils ont trouvées toutes prêtes, comme aussi celles qui sont nées de leur propre action. Ces bases sont donc vérifiables par voie purement empirique.

La condition première de toute histoire humaine est naturellement l'existence d'êtres humains vivants. Le premier état de fait à constater est donc la complexion corporelle de ces individus et les rapports qu'elle leur crée avec le reste de la nature. Nous ne pouvons naturellement pas faire ici une étude approfondie de la constitution physique de l'homme elle-même, ni des conditions naturelles que les hommes ont trouvées toutes prêtes, conditions géologiques, orographiques, hydrographiques, climatiques et autres. Toute histoire doit partir de ces bases naturelles et de leur modification par l'action des hommes au cours de l'histoire.

On peut distinguer les hommes des animaux par la conscience, par la religion et par tout ce que l'on voudra. Eux-mêmes commencent à se distinguer des animaux dès qu'ils commencent à produire leurs moyens d'existences, pas en avant qui est la conséquence même de leur organisation corporelle.

En produisant leurs moyens d'existence, les hommes produisent indirectement leur vie matérielle elle-même.
La façon dont les nommes produisent leurs moyens d'existence, dépend d'abord de la nature des moyens d'existence déjà donnés et qu'il leur faut reproduire. Il ne faut pas considérer ce mode de production de ce seul point de vue, à savoir qu'il est la reproduction de l'existence physique des individus. Il représente au contraire déjà un mode déterminé de l'activité de ces individus, une façon déterminée de manifester leur vie, un mode de vie déterminé. La façon dont les individus manifestent leur vie reflète très exactement ce qu'ils sont. Ce qu'ils sont coïncide donc avec leur production, aussi bien avec ce qu'ils produisent qu'avec la façon dont ils le produisent. Ce que sont les individus dépend donc des conditions matérielles de leur production.
Cette production n'apparaît qu'avec l'accroissement de la population. Elle-même présuppose pour sa part des relations des individus entre eux. La forme de ces relations est à son tour conditionnée par la production.
Les rapports des différentes nations entre elles dépendent du stade de développement où se trouve chacune d'elles en ce qui concerne les forces productives, la division du travail et les relations intérieures. Ce principe est universellement reconnu. Cependant, non seulement les rapports d'une nation avec les autres nations, mais aussi toute la structure interne de cette nation elle-même, dépendent du niveau de développement de sa production et de ses relations intérieures et extérieures.

L'on reconnaît de la façon la plus manifeste le degré de développement qu'ont atteint les forces productives d'une nation au degré de développement qu'a atteint la division du travail. Dans la mesure où elle n'est pas une simple extension quantitative des forces productives déjà connues jusqu'alors (défrichement de terres par exemple), toute force de production nouvelle a pour conséquence un nouveau perfectionnement de la division du travail.

La division du travail à l'intérieur d'une nation entraîne d'abord la séparation du travail industriel et commercial, d'une part, et du travail agricole, d'autre part ; et, de ce fait, la séparation de la ville et de la campagne et l'opposition de leurs intérêts. Son développement ultérieur conduit à la séparation du travail commercial et du travail industriel. En même temps, du fait de la division du travail à l'intérieur des différentes branches, on voit se développer à leur tour différentes subdivisions parmi les individus coopérant à des travaux déterminés. La position de ces subdivisions particulières les unes par rapport aux autres est conditionnée par le mode d'exploitation du travail agricole, industriel et commercial (patriarcat, esclavage, ordres et classes). Les mêmes rapports apparaissent quand les échanges sont plus développés dans les relations des diverses nations entre elles.

Les divers stades de développement de la division du travail représentent autant de formes différentes de la propriété ; autrement dit, chaque nouveau stade de la division du travail détermine également les rapports des individus entre eux pour ce qui est de la matière, des instruments et des produits du travail.

La première forme de la propriété est la propriété de la tribu. Elle correspond à ce stade rudimentaire de la production où un peuple se nourrit de la chasse et de la pêche, de l'élevage du bétail ou, à la rigueur, de l'agriculture. Dans ce dernier cas, cela suppose une grande quantité de terres incultes. À ce stade, la division du travail est encore très peu développée et se borne à une plus grande extension de la division naturelle telle que l'offre la famille. La structure sociale se borne, de ce fait, à une extension de la famille : chefs de la tribu patriarcale, avec au-dessous d'eux les membres de la tribu et enfin les esclaves. L'esclavage latent dans la famille ne se développe que peu à peu avec l'accroissement de la population et des besoins, et aussi avec l'extension des relations extérieures, de la guerre tout autant que du troc.

La seconde forme de la propriété est la propriété communale et propriété d'État qu'on rencontre dan, l'antiquité et qui provient surtout de la réunion de plusieurs tribus en une seule ville, par contrat ou par conquête, et dans laquelle l'esclavage subsiste. À côté de la propriété communale, la propriété privée, mobilière et plus tard immobilière, se développe déjà, mais comme une forme anormale et subordonnée à la propriété communale. Ce n'est que collectivement que les citoyens exercent leur pouvoir sur leurs esclaves qui travaillent, ce qui les lie déjà à la forme de la propriété communale.

Cette forme est la propriété privée communautaire des citoyens actifs, qui, en face des esclaves, sont contraints de conserver cette forme naturelle d'association. C'est pourquoi toute la structure sociale fondée sur elle et avec elle la puissance du peuple, se désagrège dans la mesure même où se développe en particulier la propriété privée immobilière. La division du travail est déjà plus poussée. Nous trouvons déjà l'opposition entre la ville et la campagne et plus tard l'opposition entre les États qui représentent l'intérêt des villes et ceux qui représentent l'intérêt des campagnes, et nous trouvons, à l'intérieur des villes elles-mêmes, l'opposition entre le commerce maritime et l'industrie. Les rapports de classes entre citoyens et esclaves ont atteint leur complet développement.

Le fait de la conquête semble être en contradiction avec toute cette conception de l'histoire. Jusqu'à présent, on a fait de la violence, de la guerre, du pillage, du brigandage, etc. la force motrice de l'histoire. Force nous est ici de nous borner aux points capitaux et c'est pourquoi nous ne prenons qu'un exemple tout à fait frappant, celui de la destruction d'une vieille civilisation par un peuple barbare et la formation qui s'y rattache d'une nouvelle structure sociale qui repart à zéro. (Rome et les barbares, la féodalité et la Gaule, le Bas-Empire et les Turcs.) Chez le peuple barbare conquérant, la guerre elle-même est encore, ainsi que nous l'avons indiqué plus haut, un mode de rapports normal qui est pratiqué avec d'autant plus de zèle que l'accroissement de la population crée de façon plus impérieuse le besoin de nouveaux moyens de production, étant donné le mode de production traditionnel et rudimentaire qui est pour ce peuple le seul possible.

En Italie, par contre, on assiste à la concentration de la propriété foncière réalisée par héritage, par achat et endettement aussi ; car l'extrême dissolution des mœurs et la rareté des mariages provoquaient l'extinction progressive des vieilles familles et leurs biens tombèrent aux mains d'un petit nombre. De plus, cette propriété foncière fut transformée en pâturages, transformation provoquée, en dehors des causes économiques ordinaires, valables encore de nos jours, par l'importation de céréales pillées ou exigées à titre de tribut et aussi par la pénurie de consommateurs pour le blé italien, qui s'ensuivait. Par suite de ces circonstances, la population libre avait presque complètement disparu, les esclaves eux-mêmes menaçaient sans cesse de s'éteindre et devaient être constamment remplacés. L'esclavage resta la base de toute la production. Les plébéiens, placés entre les hommes libres et les esclaves, ne parvinrent jamais à s'élever au-dessus de la condition du Lumpenproletariat. Du reste, Rome ne dépassa jamais le stade de la ville ; elle était liée aux provinces par des liens presque uniquement politiques que des événements politiques pouvaient bien entendu rompre à leur tour.

Avec le développement de la propriété privée, on voit apparaître pour la première fois les rapports que nous retrouverons dans la propriété privée moderne, mais à une plus vaste échelle.

D'une part, la concentration de la propriété privée qui commença très tôt à Rome, comme l'atteste la loi agraire de Licinius, et progressa rapidement à partir des guerres civiles et surtout sous l'Empire ; d'autre part, en corrélation avec ces faits, la transformation des petits paysans plébéiens en un prolétariat à qui sa situation intermédiaire entre les citoyens possédants et les esclaves interdit toutefois un développement indépendant.

La troisième forme est la propriété féodale ou celle des divers ordres. Tandis que l'antiquité partait de la ville et de son petit territoire, le Moyen Âge partait de la campagne. La population existante, clairsemée et éparpillée sur une vaste superficie et que les conquérants ne vinrent pas beaucoup grossir, conditionna ce changement de point de départ. À l'encontre de la Grèce et de Rome, le développement féodal débute donc sur un terrain bien plus étendu, préparé par les conquêtes romaines et par l'extension de l'agriculture qu'elles entraînaient initialement. Les derniers siècles de l'Empire romain en déclin et la conquête des barbares eux-mêmes anéantirent une masse de forces productives : l'agriculture avait décliné, l'industrie était tombée en décadence par manque de débouchés, le commerce était en veilleuse ou interrompu par la violence, la population, tant rurale qu'urbaine, avait diminué. Cette situation donnée et le mode d'organisation de la conquête qui en découla, développèrent, sous l'influence de l'organisation militaire des Germains, la propriété féodale.

Comme la propriété de la tribu et de la commune, celle-ci repose à son tour sur une communauté en face de laquelle ce ne sont plus les esclaves, comme dans le système antique, mais les petits paysans asservis qui constituent la classe directement productive. Parallèlement au développement complet du féodalisme apparaît en outre l'opposition aux villes. La structure hiérarchique de la propriété foncière et la suzeraineté militaire qui allait de pair avec elle conférèrent à la noblesse la toute-puissance sur les serfs. Cette structure féodale, tout comme l'antique propriété communale, était une association contre la classe productrice dominée, à ceci près que la forme de l'association et les rapports avec les producteurs étaient différents parce que les conditions de production étaient différentes.

À cette structure féodale de la propriété foncière correspondait, dans les villes, la propriété corporative, organisation féodale du métier. Ici, la propriété consistait principalement dans le travail de chaque individu : ta nécessité de l'association contre la noblesse pillarde associée, le besoin de marchés couverts communs en un temps où l'industriel se doublait d'un commerçant, la concurrence croissante des serfs qui s'évadaient en masse vers les villes prospères, la structure féodale de tout le pays firent naître les corporations ; les petits capitaux économisés peu à peu par les artisans isolés et le nombre invariable de ceux-ci dans une population sans cesse accrue développèrent la condition de compagnon et d'apprenti qui fit naître dans les villes une hiérarchie semblable à celle de la campagne.

La propriété principale consistait donc pendant l'époque féodale, d'une part, dans la propriété foncière à laquelle est enchaîné le travail des serfs, d'autre part dans le travail personnel à l'aide d'un petit capital régissant le travail des compagnons. La structure de chacune de ces deux formes était conditionnée par les rapports de production bornés, l'agriculture rudimentaire et restreinte et l'industrie artisanale. À l'apogée du féodalisme, la division du travail fut très peu poussée. Chaque pays portait en lui-même l'opposition ville-campagne. La division en ordres était à vrai dire très fortement marquée, mais à part la séparation en princes régnants, noblesse, clergé et paysans à la campagne, et celle en maîtres, compagnons et apprentis, et bientôt aussi en une plèbe de journaliers, dans les villes, il n'y eut pas de division importante du travail. Dans l'agriculture, elle était rendue plus difficile par l'exploitation. morcelée à côté de laquelle se développa l'industrie domestique des paysans eux-mêmes ; dans l'industrie, le travail n'était nullement divisé à l'intérieur de chaque métier et fort peu entre les différents métiers. La division entre le commerce et l'industrie existait déjà dans des villes anciennes, mais elle ne se développa que plus tard dans les villes neuves, lorsque les villes entrèrent en rapport les unes avec les autres.

La réunion de pays d'une certaine étendue en royaumes féodaux était un besoin pour la noblesse terrienne comme pour les villes.

De ce fait, l'organisation de la classe dominante, c'est-à-dire de la noblesse, eut partout un monarque à sa tête.

Voici donc les faits : des individus déterminés qui ont une activité productive selon un mode déterminé entrent dans des rapports sociaux et politiques déterminés. Il faut que dans chaque cas isolé, l'observation empirique montre dans les faits, et sans aucune spéculation ni mystification, le lien entre la structure sociale et politique et la production. La structure sociale et l'État résultent constamment du processus vital d'individus déterminés ; mais de ces individus non point tels qu'ils peuvent s'apparaître dans leur propre représentation ou apparaître dans celle d'autrui, mais tels qu'ils sont en réalité, c'est-à-dire, tels qu'ils œuvrent et produisent matériellement ; donc tels qu'ils agissent sur des bases et dans des conditions et limites matérielles déterminées et indépendantes de leur volonté.

La production des idées, des représentations et de la conscience est d'abord directement et intimement mêlée à l'activité matérielle et au commerce matériel des hommes, elle est le langage de la vie réelle. Les représentations, la pensée, le commerce intellectuel des hommes apparaissent ici encore comme l'émanation directe de leur comportement matériel. Il en va de même de la production intellectuelle telle qu'elle se présente dans la langue de la politique, celle des lois, de la morale, de la religion, de la métaphysique, etc. de tout un peuple.

Ce sont les hommes qui sont les producteurs de leur représentations, de leurs idées, etc., mais les hommes réels, agissants, tels qu'ils sont conditionnés par un développement déterminé de leurs forces productives et des rapports qui y correspondent, y compris les formes les plus larges que ceux-ci peuvent prendre. La conscience ne peut jamais être autre chose que l'être conscient et l'être des hommes est leur processus de vie réel. Et si, dans toute l'idéologie, les hommes et leurs rapports nous apparaissent placés la tête en bas comme dans une camera obscura, ce phénomène découle de leur processus de vie historique, absolument comme le renversement des objets sur la rétine découle de son processus de vie directement physique.

À l'encontre de la philosophie allemande qui descend du ciel sur la terre, c'est de la terre au ciel que l'on monte ici. Autrement dit, on ne part pas de ce que les hommes disent, s'imaginent, se représentent, ni non plus de ce qu'ils sont dans les paroles, la pensée, l'imagination et la représentation d'autrui, pour aboutir ensuite aux hommes en chair et en os ; non, on part des hommes dans leur activité réelle, c'est à partir de leur processus de vie réel que l'on représente aussi le développement des reflets et des échos idéologiques de ce processus vital. Et même les fantasmagories dans le cerveau humain sont des sublimations résultant nécessairement du processus de leur vie matérielle que l'on peut constater empiriquement et qui repose sur des bases matérielles.

De ce fait, la morale, la religion, la métaphysique et tout le reste de l'idéologie, ainsi que les formes de conscience qui leur correspondent, perdent aussitôt toute apparence d'autonomie. Elles n'ont pas d'histoire, elles n'ont pas de développement ; ce sont au contraire les hommes qui, en développant leur production matérielle et leurs rapports matériels, transforment, avec cette réalité qui leur est propre, et leur pensée et les produits de leur pensée. Ce n'est pas la conscience qui détermine la vie, mais la vie qui détermine la conscience. Dans la première façon de considérer les choses, on part de la conscience comme étant l'individu vivant, dans la seconde façon, qui correspond à la vie réelle, on part des individus réels et vivants eux-mêmes et l'on considère la conscience uniquement comme Leur conscience.

Cette façon de considérer les choses n'est pas dépourvue de présuppositions. Elle part des prémisses réelles et ne les abandonne pas un seul instant. Ces prémisses, ce sont les hommes, non pas isolés et figés, de quelque manière imaginaire, mais saisis dans leur processus de développement réel dans des conditions déterminées, développement visible empiriquement. Dès que l'on représente ce processus d'activité vitale, l'histoire cesse d'être une collection de faits sans vie, comme chez les empiristes, qui sont eux-mêmes encore abstraits, ou l'action imaginaire de sujets imaginaires, comme chez les idéalistes.

C'est là où cesse la spéculation, c'est dans la vie réelle que commence donc la science réelle, positive, l'analyse de l'activité pratique, du processus, de développement pratique des hommes. Les phrases creuses sur la conscience cessent, un savoir réel doit les remplacer. Avec l'étude de la réalité la philosophie cesse d'avoir un milieu où elle existe de façon autonome. À sa place, on pourra tout au plus mettre une synthèse des résultats les plus généraux qu'il est possible d'abstraire de l'étude du développement historique des hommes. Ces abstractions, prises en soi, détachées de l'histoire réelle, n'ont absolument aucune valeur. Elles peuvent tout au plus servir à classer plus aisément la matière historique, à indiquer la succession de ses stratifications particulières. Mais elles ne donnent en aucune façon, comme la philosophie, une recette, un schéma selon lequel on peut accommoder les époques historiques. La difficulté commence seulement, au contraire, lorsqu'on se met à étudier et à classer cette matière, qu'il s'agisse d'une époque révolue ou du temps présent, et à l'analyser réellement. L'élimination de ces difficultés dépend de prémisses qu'il nous est impossible de développer ici, car elles résultent de l'étude du processus de vie réel et de l'action des individus de chaque époque. Nous allons prendre ici quelques-unes de ces abstractions dont nous nous servirons vis-à-vis de l'idéologie et les expliquer par des exemples historiques.

[1.] Histoire

Avec les Allemands dénués de toute présupposition, force nous est de débuter par la constatation de la présupposition première de toute existence humaine, partant de toute histoire, à savoir que les hommes doivent être à même de vivre pour pouvoir « faire l'histoire ». Mais pour vivre, il faut avant tout boire, manger, se loger, s'habiller et quelques autres choses encore. Le premier fait historique est donc la production des moyens permettant de satisfaire ces besoins, la production de la vie matérielle elle-même, et c'est même là un fait historique, une condition fondamentale de toute histoire que l'on doit, aujourd'hui encore comme il y a des milliers d'années, remplir jour par jour, heure par heure, simplement pour maintenir les hommes en vie. Même quand la réalité sensible est réduite à un bâton, au strict minimum, comme chez saint Bruno, elle implique l'activité qui produit ce bâton. La première chose, dans toute conception historique, est donc d'observer ce fait fondamental dans toute son importance et toute son extension, et de lui faire droit. Chacun sait que les Allemands ne l'ont jamais fait ; ils n'ont donc jamais eu de base terrestre pour l'histoire et n'ont par conséquent jamais eu un seul historien. Bien qu'ils n'aient vu la connexité de ce fait avec ce qu'on appelle l'histoire que sous l'angle le plus étroit, surtout tant qu'ils resteront emprisonnés dans l'idéologie politique, les Français et les Anglais n'en ont pas moins fait les premiers essais pour donner à l'histoire une base matérialiste, en écrivant d'abord des histoires de la société bourgeoise, du commerce et de l'industrie.

Le second point est que le premier besoin une fois satisfait lui-même, l'action de le satisfaire et l'instrument déjà acquis de cette satisfaction poussent à de nouveaux besoins, – et cette production de nouveaux besoins est le premier fait historique. C'est à cela que l'on reconnaît aussitôt de quel bois est faite la grande sagesse historique des Allemands ; car là où ils sont à court de matériel positif et où l'on ne débat ni stupidités théologiques, ni stupidités politiques ou littéraires, nos Allemands voient, non plus l'histoire, mais les « temps préhistoriques » ; ils ne nous expliquent du reste pas comment l'on passe de cette absurdité de la « préhistoire » à l'histoire proprement dite – bien que, par ailleurs, leur spéculation historique se jette tout particulièrement sur cette « préhistoire », parce qu'elle s'y croit à l'abri des empiètements du « fait brutal » et aussi parce qu'elle peut y lâcher la bride à son instinct spéculatif et qu'elle peut engendrer et jeter bas les hypothèses par milliers.

Le troisième rapport, qui intervient ici d'emblée dans le développement historique, est que les hommes, qui renouvellent chaque jour leur propre vie, se mettent à créer d'autres hommes, à se reproduire ; c'est le rapport entre homme et femme, parents et enfants, c'est la famille. Cette famille, qui est au début le seul rapport social, devient par la suite un rapport subalterne (sauf en Allemagne), lorsque les besoins accrus engendrent de nouveaux rapports sociaux et que l'accroissement de la population engendre de nouveaux besoins ; par conséquent, on doit traiter et développer ce thème de la famille d'après les faits empiriques existants et non d'après le « concept de famille », comme on a coutume de le faire en Allemagne.

Du reste, il ne faut pas comprendre ces trois aspects de l'activité sociale comme trois stades différents, mais précisément comme trois aspects tout simplement, ou, pour employer un langage clair pour des Allemands trois « moments » qui ont coexisté depuis le début de l'histoire et depuis les premiers hommes et qui se manifestent aujourd'hui encore dans l'histoire. Produire la vie, aussi bien la sienne propre par le travail que la vie d'autrui en procréant, nous apparaît donc dès maintenant comme un rapport double : d'une part comme un rapport naturel, d'autre part comme un rapport social, – social en ce sens que l'on entend par là l'action conjuguée de plusieurs individus, peu importe dans quelles conditions, de quelle façon et dans quel but. Il s'ensuit qu'un mode de production ou un stade industriel déterminés sont constamment liés à un mode de coopération ou à un stade social déterminés, et que ce mode de coopération est lui-même une « force productive » ; il s'ensuit également que la masse des forces productives accessibles aux hommes détermine l'état social, et que l'on doit par conséquent étudier et élaborer sans cesse l'« histoire des hommes » en liaison avec l'histoire de l'industrie et des échanges. Mais il est tout aussi clair qu'il est impossible d'écrire une telle histoire en Allemagne, puisqu'il manque aux Allemands, pour la faire, non seulement la faculté de la concevoir et les matériaux, mais aussi la « certitude sensible », et que l'on ne peut pas faire d'expériences sur ces choses de l'autre côté du Rhin puisqu'il ne s'y passe plus d'histoire.

Il se manifeste donc d'emblée une interdépendance matérialiste des hommes qui est conditionnée par les besoins et le mode de production et qui est aussi vieille que les hommes eux-mêmes, – interdépendance qui prend sans cesse de nouvelles formes et présente donc une « histoire » même sans qu'il existe encore une quelconque absurdité politique ou religieuse qui réunisse les hommes par surcroît.

Et c'est maintenant seulement, après avoir déjà examiné quatre moments, quatre aspects des rapports historiques originels, que nous trouvons que l'homme a aussi de la « conscience ». Mais il ne s'agit pas d'une conscience qui soit d'emblée conscience « pure ». Dès le début, une malédiction pèse sur « l'esprit », celle d'être « entaché » d'une matière qui se présente ici sous forme de couches d'air agitées, de sons, en un mot sous forme du langage. Le langage est aussi vieux que la conscience, – le langage est la conscience réelle, pratique, existant aussi pour d'autres hommes, existant donc alors seulement pour moi-même aussi et, tout comme la conscience, le langage n'apparaît qu'avec le besoin, la nécessité du commerce avec d'autres hommes. Là où existe un rapport, il existe pour moi. L'animal « n'est en rapport » avec rien, ne connaît sommé toute aucun rapport. Pour l'animal, ses rapports avec les autres n'existent pas en tant que rapports. La conscience est donc d'emblée un produit social et le demeure aussi longtemps qu'il existe des hommes.

Bien entendu, la conscience n'est d'abord que la conscience du milieu sensible le plus proche et celle d'une interdépendance limitée avec d'autres personnes et d'autres choses situées en dehors de l'individu qui prend conscience ; c'est en même temps la conscience de la nature qui se dresse d'abord en face des hommes comme une puissance foncièrement étrangère, toute-puissante et inattaquable, envers laquelle les hommes se comportent d'une façon purement animale et qui leur en impose autant qu'au bétail ; par conséquent une conscience de la nature purement animale (religion de la nature).

On voit immédiatement que cette religion de la nature, ou ces rapports déterminés envers la nature, sont conditionnés par la forme de la société et vice versa. Ici, comme partout ailleurs, l'identité de l'homme et de la nature apparaît aussi sous cette forme, que le comportement borné des hommes en face de la nature conditionne leur comportement borné entre eux, et que leur comportement borné entre eux conditionne à son tour leurs rapports bornés avec la nature, précisément parce que la nature est encore à peine modifiée par l'histoire et que, d'autre part, la conscience de la nécessité d'entrer en rapport avec les individus qui l'entourent marque pour l'homme le début de la conscience de ce fait qu'il vit somme toute en société. Ce début est aussi animal que l'est la vie sociale elle-même à ce stade ; il est une simple conscience grégaire et l'homme se distingue ici du mouton par l'unique fait que sa conscience prend chez lui la place de l'instinct ou que son instinct est un instinct conscient.

Cette conscience grégaire ou tribale se développe et se perfectionne ultérieurement en raison de l'accroissement de la productivité, de l'augmentation des besoins et de l'accroissement de la population qui est à la base des deux éléments précédents. Ainsi se développe la division du travail qui n'était primitivement pas autre chose que la division du travail dans l'acte sexuel, puis devint la division du travail qui se fait d'elle-même ou « par nature » en vertu des dispositions naturelles (vigueur corporelle par exemple), des besoins, des hasards, etc. La division du travail ne devient effectivement division du travail qu'à partir du moment où s'opère une division du travail matériel et intellectuel. À partir de ce moment la conscience peut vraiment s'imaginer qu'elle est autre chose que la conscience de la pratique existante, qu'elle représente réellement quelque chose sans représenter quelque chose de réel. À partir de ce moment, la conscience est en état de s'émanciper du monde et de passer à la formation de la théorie « pure », théologie, philosophie, morale, etc. Mais même lorsque cette théorie, cette théologie, cette philosophie, cette morale, etc., entrent en contradiction avec les rapports existants, cela ne peut se produire que du fait que les rapports sociaux existants sont entrés en contradiction avec la force productive existante ; d'ailleurs, dans une sphère nationale déterminée, cela peut arriver aussi parce que, dans ce cas, la contradiction se produit, non pas à l'intérieur de cette sphère nationale, mais entre cette conscience nationale et la pratique des autres nations, c'est-à-dire entre la conscience nationale d'une nation et sa conscience universelle.

Peu importe du reste ce que la conscience entreprend isolément ; toute cette pourriture ne nous donne que ce résultat : ces trois moments, la force productive, l'état social et la conscience, peuvent et doivent entrer en conflit entre eux car, par la division du travail, il devient possible, bien mieux il arrive effectivement que l'activité intellectuelle et matérielle, – la jouissance et le travail, la production et la consommation échoient en partage à des individus différents ; et alors la possibilité que ces éléments n'entrent pas en conflit réside uniquement dans le fait qu'on abolit à nouveau la division du travail. Il va de soi du reste que « fantômes », « liens », « être suprême », « concept », « scrupules » ne sont que l'expression mentale idéaliste, la représentation apparente de l'individu isolé, la représentation de chaînes et de limites très empiriques à l'intérieur desquelles se meut le mode de production de la vie et le mode d'échanges qu'il implique.

Cette division du travail, qui implique toutes ces contradictions et repose à son tour sur la division naturelle du travail dans la famille et sur la séparation de la société en familles isolées et opposées les unes aux autres, – cette division du travail implique en même temps la répartition du travail et de ses produits, distribution inégale en vérité tant en quantité qu'en qualité ; elle implique donc la propriété, dont la première forme, le germe, réside dans la famille où la femme et les enfants sont les esclaves de l'homme.

L'esclavage, certes encore très rudimentaire et latent dans la famille, est la première propriété, qui d'ailleurs correspond déjà parfaitement ici à la définition des économistes modernes d'après laquelle elle est la libre disposition de la force de travail d'autrui. Du reste, division du travail et propriété privée sont des expressions identiques – on énonce, dans la première, par rapport à l'activité ce qu'on énonce, dans la seconde, par rapport au produit de cette activité.

De plus, la division du travail implique du même coup la contradiction entre l'intérêt de l'individu singulier ou de la famille singulière et l'intérêt collectif de tous les individus qui sont en relations entre eux ; qui plus est, cet intérêt collectif n'existe pas seulement, mettons dans la représentation, en tant qu'« intérêt général », mais d'abord dans la réalité comme dépendance réciproque des individus entre lesquels se partage le travail. Enfin la division du travail nous offre immédiatement le premier exemple du fait suivant : aussi longtemps que les hommes se trouvent dans la société naturelle, donc aussi longtemps qu'il y a scission entre l'intérêt particulier et l'intérêt commun, aussi longtemps donc que l'activité n'est pas divisée volontairement, mais du fait de la nature, l'action propre de l'homme se transforme pour lui en puissance étrangère qui s'oppose à lui et l'asservit, au lieu qu'il ne la domine.

En effet, dès l'instant où le travail commence à être réparti, chacun a une sphère d'activité exclusive et déterminée qui lui est imposée et dont il ne peut sortir ; il est chasseur, pêcheur ou berger ou critique, et il doit le demeurer s'il ne veut pas perdre ses moyens d'existence ; tandis que dans la société communiste, où chacun n'a pas une sphère d'activité exclusive, mais peut se perfectionner dans la branche qui lui plaît, la société réglemente la production générale ce qui crée pour moi la possibilité de faire aujourd'hui telle chose, demain telle autre, de chasser le matin, de pêcher l'après-midi, de pratiquer l'élevage le soir, de faire de la critique après le repas, selon mon bon plaisir, sans jamais devenir chasseur, pêcheur ou critique. Cette fixation de l'activité sociale, cette pétrification de notre propre produit en une puissance objective qui nous domine, échappant à notre contrôle, contrecarrant nos attentes, réduisant à néant nos calculs, est un des moments capitaux du développement historique jusqu'à nos jours. C'est justement cette contradiction entre l'intérêt particulier et l'intérêt collectif qui amène l'intérêt collectif à prendre, en qualité d'État, une forme indépendante, séparée des intérêts réels de l'individu et de l'ensemble et à faire en même temps figure de communauté illusoire, mais toujours sur la base concrète des liens existants dans chaque conglomérat de famille et de tribu, tels que liens du sang, langage, division du travail à une vaste échelle et autres intérêts ; et parmi ces intérêts nous trouvons en particulier, comme nous le développerons plus loin, les intérêts des classes déjà conditionnées par la division du travail, qui se différencient dans tout groupement de ce genre et dont l'une domine toutes les autres.

Il s'ensuit que toutes les luttes à l'intérieur de l'État, la lutte entre la démocratie, l'aristocratie et la monarchie, la lutte pour le droit de vote, etc., etc., ne sont que les formes illusoires sous lesquelles sont menées les luttes effectives des différentes classes entre elles (ce dont les théoriciens allemands ne soupçonnent pas un traître mot, bien qu'à ce sujet on leur ait assez montré la voie dans les Annales franco-allemandes et dans La Sainte Famille) ; et il s'ensuit également que toute classe qui aspire à la domination, même si sa domination détermine l'abolition de toute l'ancienne forme sociale et de la domination en général, comme c'est le cas pour le prolétariat, il s'ensuit donc que cette classe doit conquérir d'abord le pouvoir politique pour représenter à son tour son intérêt propre comme étant l'intérêt général, ce à quoi elle est contrainte dans les premiers temps. Précisément parce que les individus ne cherchent que leur intérêt particulier, – qui ne coïncide pas pour eux avec leur intérêt collectif, l'universalité n'étant somme toute qu'une forme illusoire de la collectivité, -cet intérêt est présenté comme un intérêt qui leur est « étranger », qui est « indépendant » d'eux et qui est lui-même à son tour un intérêt « général » spécial et particulier, ou bien ils doivent se mouvoir eux-mêmes dans cette dualité comme c'est le cas dans la démocratie. Par ailleurs le combat pratique de ces intérêts particuliers, qui constamment se heurtent réellement aux intérêts collectifs et illusoirement : collectifs, rend nécessaire l'intervention pratique et le refrènement par l'intérêt « général » illusoire sous forme d'État.

La puissance sociale, c'est-à-dire la force productive décuplée qui naît de la coopération des divers individus conditionnée par la division du travail, n'apparaît pas à ces individus comme leur propre puissance conjuguée, parce que cette coopération elle-même n'est pas volontaire, mais naturelle ; elle leur apparaît au contraire comme une puissance étrangère, située en dehors d'eux, dont ils ne savent ni d'où elle vient ni où elle va, qu'ils ne peuvent donc plus dominer et qui, à l'inverse, parcourt maintenant une série particulière de phases et de stades de développement, si indépendante de la volonté et de la marche de l'humanité qu'elle dirige en vérité cette volonté et cette marche de l'humanité.

Cette « aliénation », – pour que notre exposé reste intelligible aux philosophes –, ne peut naturellement être abolie qu'à deux conditions pratiques.

Pour qu'elle devienne une puissance « insupportable », c'est-à-dire une puissance contre laquelle on fait la révolution, il est nécessaire qu'elle ait fait de la masse de l'humanité une masse totalement « privée de propriété », qui se trouve en même temps en contradiction avec un monde de richesse et de culture existant réellement, choses qui supposent toutes deux un grand accroissement de la force productive, c'est-à-dire un stade élevé de son développement.

D'autre part, ce développement des forces productives (qui implique déjà que l'existence empirique actuelle des hommes se déroule sur le plan de l'histoire mondiale au lieu de se dérouler sur celui de la vie locale), est une condition pratique préalable absolument indispensable, car, sans lui, c'est la pénurie qui deviendrait 'générale, et, avec le besoin, c'est aussi la lutte pour le nécessaire qui recommencerait et l'on retomberait fatalement dans la même vieille gadoue. Il est également une condition pratique sine qua non, parce que des relations universelles du genre humain peuvent être établies uniquement par ce développement universel des forces productives et que, d'une part, il engendre le phénomène de la masse « privée de propriété » simultanément dans tous les pays (concurrence universelle), qu'il rend ensuite chacun d'eux dépendant des bouleversements des autres et qu'il a mis enfin des hommes vivant empiriquement l'histoire mondiale, à la place des individus vivant sur un plan local. Sans cela : 10 le communisme ne pourrait exister que comme phénomène local ; 20 les puissances des relations humaines elles-mêmes n'auraient pu se développer comme puissances universelles, et de ce fait insupportables, elles seraient restées des « circonstances » relevant de superstitions locales, et 30 toute extension des échanges abolirait le communisme local.

Le communisme n'est empiriquement possible que comme l'acte « soudain » et simultané des peuples dominants, ce qui suppose à son tour le développement universel de la force productive et les échanges mondiaux étroitement liés au communisme. Autrement, comment la propriété, par exemple, aurait-elle pu somme toute avoir une histoire, prendre différentes formes ? Comment, disons, la propriété foncière aurait-elle pu, selon les conditions diverses qui se présentaient, passer en France, du morcellement à la centralisation dans les mains de quelques-uns, et en Angleterre de la centralisation entre les mains de quelques-uns au morcellement, comme c'est effectivement le cas aujourd'hui ? Ou bien comment se fait-il encore que le commerce, qui pourtant représente l'échange des produits d'individus et de nations différentes et rien d'autre, domine le monde entier par le rapport de l'offre et de la demande, – rapport qui, selon un économiste anglais, plane au-dessus de la terre comme la fatalité antique et distribue, d'une main invisible, le bonheur et le malheur parmi les hommes, fonde des empires, anéantit des empires, fait naître et disparaître des peuples, – tandis qu'une fois abolie la base, la propriété privée, et instaurée la réglementation communiste de la production, qui abolit chez l'homme le sentiment d'être devant son propre produit comme devant une chose étrangère, la puissance du rapport de l'offre et de la demande est réduite à néant, et les hommes reprennent en leur pouvoir l'échange, la production, leur mode de comportement réciproque.

Le communisme n'est pour nous ni un état qui doit être créé, ni un idéal sur lequel la réalité devra se régler. Nous appelons communisme le mouvement réel qui abolit l'état actuel. Les conditions de ce mouvement résultent des prémisses actuellement existantes.

Du reste, la masse d'ouvriers qui ne sont qu'ouvriers – force de travail massive, coupée du capital ou de toute espèce de satisfaction même bornée – suppose le marché mondial ; comme le suppose aussi du coup, du fait de la concurrence, la perte de ce travail en tant que source assurée d'existence, et non plus à titre temporaire.

Le prolétariat ne peut donc exister qu'à l'échelle de l'histoire universelle, de même que le communisme, qui en est l'action, ne peut absolument pas se rencontrer autrement qu'en tant qu'existence

« historique universelle ». Existence historique universelle des individus, autrement dit, existence des individus directement liée à l'histoire universelle.

La forme des échanges, conditionnée par les forces de production existant à tous les stades historiques qui précèdent le nôtre et les conditionnant à leur tour, est la société civile qui, comme il ressort déjà de ce qui précède, a pour condition préalable et base fondamentale la famille simple et la famille composée, ce que l'on appelle le clan, dont les définitions plus précises ont déjà été données ci-dessus.

Il est donc déjà évident que cette société bourgeoise est le véritable foyer, la véritable scène de toute histoire et l'on voit à quel point la conception passée de l'histoire était un non-sens qui négligeait les rapports réels et se limitait aux grands événements historiques et politiques retentissants. La société bourgeoise embrasse l'ensemble des rapports matériels des individus à l'intérieur d'un stade de développement déterminé des forces productives. Elle embrasse l'ensemble de la vie commerciale et industrielle d'une étape et déborde par là même l'État et la nation, bien qu'elle doive, par ailleurs, s'affirmer à l'extérieur comme nationalité et s'organiser à l'intérieur comme État. Le terme de société civile apparut au XVIIIe siècle, dès que les rapports de propriété se furent dégagés de la communauté antique et médiévale. La société civile en tant que telle ne se développe qu'avec la bourgeoisie ; toutefois, l'organisation sociale issue directement de la production et du commerce, et qui forme en tout temps la base de l'État et du reste de la superstructure idéaliste, a toutefois été constamment désignée sous le même nom.

[2.] De la production de la conscience

À vrai dire, dans l'histoire passée, c'est aussi un fait parfaitement empirique qu'avec l'extension de l'activité, au plan de l'histoire universelle, les individus ont été de plus en plus asservis à une puissance qui leur est étrangère, – oppression qu'ils prenaient pour une tracasserie de ce qu'on appelle l'Esprit du monde, – une puissance qui est devenue de plus en plus massive et se révèle en dernière instance être le marché mondial.

Mais il est tout aussi fondé empiriquement que cette puissance, si mystérieuse pour les théoriciens allemands, sera abolie par le renversement de l'état social actuel, par la révolution communiste (nous en parlerons plus tard) et par l'abolition de la propriété privée qui ne fait qu'un avec elle ; alors la libération de chaque individu en particulier se réalisera exactement dans la mesure où l'histoire se transformera complètement en histoire mondiale. D'après ce qui précède, il est clair que la véritable richesse intellectuelle de l'individu dépend entièrement de la richesse de ses rapports réels. C'est de cette seule manière que chaque individu en particulier sera délivré de ses diverses limites nationales et locales, mis en rapports pratiques avec la production du monde entier, (y compris la production intellectuelle) et mis en état d'acquérir la capacité de jouir de la production du monde entier dans tous ses domaines (création des hommes). La dépendance universelle, cette forme naturelle de la coopération des individus à l'échelle de l'histoire mondiale, sera transformée par cette révolution communiste en contrôle et domination consciente de ces puissances qui, engendrées par l'action réciproque des hommes les uns sur les autres, leur en ont imposé jusqu'ici, comme si elles étaient des puissances foncièrement étrangères, et les ont dominés. Cette conception peut être à son tour conçue d'une manière spéculative et idéaliste, c'est-à-dire fantastique, comme « génération du genre par lui-même » (la « société en tant que sujet ») et, par là, même la série successive des individus en rapport les uns avec les autres peut être représentée comme un individu unique qui réaliserait ce mystère de s'engendrer lui-même.

On voit ici que les individus se créent bien les uns les autres, au physique et au moral, mais qu'ils ne se créent pas, ni dans le non-sens de saint Bruno, ni dans le sens de l'« unique », de l'homme « fait lui-même ».

Cette conception de l'histoire a donc pour base le développement du procès réel de la production, et cela en partant de la production matérielle de la vie immédiate ; elle conçoit la forme des relations humaines liée à ce mode de production et engendrée par elle, je veux dire la société civile à ses différents stades, comme étant le fondement de toute l'histoire, ce qui consiste à la représenter dans son action en tant qu'État aussi bien qu'à expliquer par elle l'ensemble des diverses productions théoriques et des formes de la conscience, religion, philosophie, morale, etc., et à suivre sa genèse à partir de ces productions, ce qui permet alors naturellement de représenter la chose dans sa totalité (et d'examiner aussi l'action réciproque de ses différents aspects). Elle n'est pas obligée, comme la conception idéaliste de l'histoire, de chercher une catégorie dans chaque période, mais elle demeure constamment sur le soi réel de l'histoire ; elle n'explique pas la pratique d'après l'idée, elle explique la formation des idées d'après la pratique matérielle ; elle arrive par conséquent à ce résultat, que toutes les formes et produits de la conscience peuvent être résolus non pas grâce à la critique intellectuelle, par la réduction à la « conscience de soi » ou la métamorphose en « revenants », en « fantômes », en « obsessions », etc., mais uniquement par le renversement pratique des rapports sociaux concrets d'où sont nées ces sornettes idéalistes.

Ce n'est pas la critique, mais la révolution qui est la force motrice de l'histoire, de la religion, de la philosophie et de toute autre théorie. Cette conception montre que la fin de l'histoire n'est pas de se résoudre en « conscience de soi » comme « esprit de l'esprit », mais qu'à chaque stade se trouvent donnés un résultat matériel, une somme de forces productives, un rapport avec la nature et entre les individus, créés historiquement et transmis à chaque génération par celle qui la précède, une masse de forces de production, de capitaux et de circonstances, qui, d'une part, sont bien modifiés par la nouvelle génération, mais qui, d'autre part, lui dictent ses propres conditions d'existence et lui impriment un développement déterminé, un caractère spécifique ; par conséquent les circonstances font tout autant les hommes que les hommes font les circonstances. Cette somme de forces de production, de capitaux, de formes de relations sociales, que chaque individu et chaque génération trouvent comme des données existantes, est la base concrète de ce que les philosophes se sont représenté comme « substance » et « essence de l'homme », de ce qu'ils ont porté aux nues ou qu'ils ont combattu, base concrète dont les effets et l'influence sur le développement des hommes ne sont nullement affectés parce que ces philosophes se révoltent contre elle en qualité de « conscience de soi » et d'« uniques ».

Ce sont également ces conditions de vie, que trouvent prêtes les diverses générations, qui déterminent si la secousse révolutionnaire, qui se reproduit périodiquement dans l'histoire sera assez forte pour renverser les bases de tout ce qui existe ; les éléments matériels d'un bouleversement total sont, d'une part, les forces productives existantes et, d'autre part, la formation d'une masse révolutionnaire qui fasse la révolution, non seulement contre des conditions particulières de la société passée, mais contre la « production de la vie » antérieure elle-même, contre l'« ensemble de l'activité » qui en est le fondement ; si ces conditions n'existent pas, il est tout à fait indifférent, pour le développement pratique, que l'idée de ce bouleversement ait déjà été exprimée mille fois… comme le prouve l'histoire du communisme.

Jusqu'ici, toute conception historique a, ou bien laissé complètement de côté cette base réelle de l'histoire, ou l'a considérée comme une chose accessoire, n'ayant aucun lien avec la marche de l'histoire. De ce fait, l'histoire doit toujours être écrite d'après une norme située en dehors d'elle. La production réelle de la vie apparaît à l'origine de l'histoire, tandis que ce qui est proprement historique apparaît comme séparé de la vie ordinaire, comme extra et supraterrestre. Les rapports entre les hommes et la nature sont de ce fait exclus de l'histoire, ce qui engendre l'opposition entre la nature et l'histoire.

Par conséquent, cette conception n'a pu voir dans l'histoire que les grands événements historiques et politiques, des luttes religieuses et somme toute théoriques, et elle a dû, en particulier, partager pour chaque époque historique l'illusion de cette époque. Mettons qu'une époque s'imagine être déterminée par des motifs purement « politiques » ou « religieux », bien que « politique » et « religion » ne soient que des formes de ses moteurs réels : son historien accepte alors cette opinion. L'« imagination », la « représentation » que ces hommes déterminés se font de leur pratique réelle, se transforme en la seule puissance déterminante et active qui domine et détermine la pratique de ces hommes. Si la forme rudimentaire sous laquelle se présente la division du travail chez les Indiens et chez les Égyptiens suscite chez ces peuples un régime de castes dans leur État et dans leur religion, l'historien croit que le régime des castes est la puissance qui a engendré cette forme sociale rudimentaire. Tandis que les Français et les Anglais s'en tiennent au moins à l'illusion politique, qui est encore la plus proche de la réalité, les Allemands se meuvent dans le domaine de l'« esprit pur » et font de l'illusion religieuse la force motrice de l'histoire. La philosophie de l'histoire de Hegel est la dernière expression conséquente, poussée à sa « plus pure expression », de toute cette façon qu'ont les Allemands d'écrire l'histoire et dans laquelle il ne s'agit pas d'intérêts réels, pas même d'intérêts politiques, mais d'idées pures ; cette histoire ne peut alors manquer d'apparaître à saint Bruno comme une suite d'« idées », dont l'une dévore l'autre et sombre finalement dans la « conscience de soi », et à saint Max Stirner, qui ne sait rien de toute l'histoire réelle, cette marche de l'histoire devait apparaître avec bien plus de logique encore comme une simple histoire de « chevaliers », de brigands et de fantômes, aux visions desquels il n'arrive naturellement à échapper que par la « désacralisation ».

Cette conception est vraiment religieuse, elle suppose que

l'homme religieux est l'homme primitif dont part toute l'histoire, et elle remplace, dans son imagination, la production réelle des moyens de vivre et de la vie elle-même par une production religieuse de choses imaginaires. Toute cette conception de l'histoire, ainsi que sa désagrégation et les scrupules et les doutes qui en résultent, n'est qu'une affaire purement nationale concernant les seuls Allemands et n'a qu'un intérêt local pour l'Allemagne, comme par exemple la question importante et maintes fois traitée récemment de savoir comment l'on passe exactement « du royaume de Dieu au royaume des hommes » ; comme si ce « royaume de Dieu » avait jamais existé ailleurs que dans l'imagination des hommes et comme si ces doctes sires ne vivaient pas sans cesse et sans s'en douter dans le « royaume des hommes », dont ils cherchent maintenant le chemin, et comme si l'amusement scientifique – car ce n'est rien de plus – qu'il y a à expliquer la singularité de cette construction théorique dans les nuages ne consistait pas, au contraire, à démontrer comment elle est née de l'état de choses terrestre réel. En général, il s'agit constamment, pour ces Allemands, de ramener l'absurdité qu'ils rencontrent à quelque autre lubie, c'est-à-dire de poser que tout ce non-sens a somme toute un sens particulier qu'il s'agit de déceler, alors qu'il s'agit uniquement d'expliquer cette phraséologie théorique par les rapports réels existants.

La véritable solution pratique de cette phraséologie, l'élimination de ces représentations dans la conscience des hommes, ne sera réalisée, répétons-le, que par une transformation des circonstances et non par des déductions théoriques. Pour la masse des hommes, c'est-à-dire pour le prolétariat, ces représentations théoriques n'existent pas, donc pour cette masse elles n'ont pas non plus besoin d'être supprimées et si celle-ci a jamais eu quelques représentations théoriques telle que la religion, il y a longtemps déjà qu'elles sont détruites par les circonstances.

Le caractère purement national de ces questions et de leurs solutions se manifeste encore dans le fait que ces théoriciens croient, le plus sérieusement du monde, que les divagations de l'esprit comme l'« homme-dieu », l'« homme », etc., ont présidé aux différentes époques de l'histoire, – saint Bruno va même jusqu'à affirmer que seules « la critique et les critiques ont fait l'histoire », – et en ceci que, lorsqu'ils s'adonnent eux-mêmes à des constructions historiques, ils sautent à toute vitesse par-dessus tout le passé et passent de la « civilisation mongole » à l'histoire proprement « riche de contenu », c'est-à-dire à l'histoire des Annales de Halle et des Annales allemandes et racontent comment l'école hégélienne a dégénéré en dispute générale. Toutes les autres nations, tous les événements réels sont oubliés, le théâtre du monde se limite à la foire aux livres de Leipzig et aux controverses réciproques de la « critique », de l'« homme » et de l'« unique ».

Lorsqu'il arrive à la théorie de traiter de thèmes vraiment historiques, comme le XVIIIe siècle par exemple, ces philosophes ne donnent que l'histoire des représentations, détachée des faits et des développements pratiques qui en constituent la base, et, de plus, ils ne donnent cette histoire que dans le dessein de représenter l'époque en question comme une première étape imparfaite, comme l'annonciatrice encore bornée de la véritable époque historique, c'est-à-dire de l'époque de la lutte des philosophes allemands de 1840 à 1844. Leur objectif, c'est donc d'écrire une histoire du passé pour faire resplendir avec d'autant plus d'éclat la gloire d'une personne qui n'est pas historique et de ses imaginations, et il est conforme à ce but de ne pas évoquer les événements réellement historiques ni même les intrusions réellement historiques de la politique dans l'histoire, et d'offrir, en compensation, un récit qui ne repose pas sur une étude sérieuse, mais sur des montages historiques et des cancans littéraires, – comme l'a fait saint Bruno dans son Histoire du XVIIIe siècle maintenant oubliée. Ces épiciers de la pensée pleins d'emphase et d'arrogance qui se croient infiniment au-dessus des préjugés nationaux sont, dans la pratique, beaucoup plus nationaux que les piliers de brasserie qui rêvent en petits bourgeois de l'unité allemande.

Ils refusent tout caractère historique aux actions des autres peuples, ils vivent en Allemagne en vue de l'Allemagne et pour l'Allemagne, ils transforment la Chanson du Rhin en hymne spirituel et font la conquête de l'Alsace-Lorraine en pillant la philosophie française au lieu de piller l'État français, et en germanisant des pensées françaises au lieu de germaniser des provinces françaises. M. Venedey fait figure de cosmopolite à côté de saint Bruno et de saint Max qui proclament l'hégémonie de l'Allemagne en proclamant l'hégémonie de la théorie.

On voit également, d'après ces discussions, combien Feuerbach s'abuse lorsque (dans la Revue trimestrielle de Wigand, 1845, tome II), se qualifiant « d'homme communautaire », il se proclame communiste et transforme ce nom en un prédicat de « l' » homme, croyant ainsi pouvoir retransformer en une simple catégorie le terme de communiste qui, dans le monde actuel, désigne l'adhérent d'un parti révolutionnaire déterminé. Toute la déduction de Feuerbach, en ce qui concerne les rapports réciproques des hommes, vise uniquement à prouver que les hommes ont besoin les uns des autres et qu'il en a toujours été ainsi.

Il veut que la conscience prenne possession de ce fait, il ne veut donc, à l'instar des autres théoriciens, que susciter la conscience juste d'un fait existant, alors que pour le communiste réel ce qui importe, c'est de renverser cet ordre existant.

Nous reconnaissons du reste pleinement que Feuerbach, dans ses efforts pour engendrer la conscience de ce fait, précisément va aussi loin qu'il est en somme possible à un théoricien de le faire sans cesser d'être théoricien et philosophe. Mais il est caractéristique que nos saint Bruno et saint Max mettent sur-le-champ la représentation du communiste selon Feuerbach à la place du communiste réel, et ils le font déjà en partie afin de pouvoir combattre le communisme en tant qu'« esprit de l'esprit », en tant que catégorie philosophique, en tant qu'adversaire de même condition qu'eux, – et saint Bruno le fait en outre, de son côté, pour des intérêts pragmatiques. Comme exemple de cette reconnaissance et méconnaissance à la fois de l'état de choses existant, que Feuerbach continue à partager avec nos adversaires, rappelons ce passage de la Philosophie de l'avenir où il développe cette idée que l'être d'un objet ou d'un homme est également son essence, que les conditions d'existence, le mode de vie et l'activité déterminée d'une créature animale ou humaine sont ceux où son « essence » se sent satisfaite. Ici l'on comprend expressément chaque exception comme un hasard malheureux, comme une anomalie qu'on ne peut changer. Donc si des millions de prolétaires ne se sentent nullement satisfaits par leurs conditions de vie, si leur « être » […] En réalité pour le matérialiste pratique, c'est-à-dire pour le communiste, il s'agit de révolutionner le monde existant, d'attaquer et de transformer pratiquement l'état de choses qu'il a trouvé.

Et si l'on trouve parfois chez Feuerbach des points de vue de ce genre, ils ne vont jamais plus loin que des intuitions isolées et ont bien trop peu d'influence sur toute sa conception générale pour que nous puissions y voir autre chose ici que des germes susceptibles de développement. La « conception » du monde sensible chez Feuerbach se borne, d'une part, à la simple contemplation de ce dernier et, d'autre part, au simple sentiment. Il dit « l'homme » au lieu de dire les « hommes historiques réels ». « L'homme », c'est en réalité « l'Allemand ». Dans le premier cas, dans la contemplation du monde sensible, il se heurte nécessairement à des objets qui sont en contradiction avec sa conscience et son sentiment, qui troublent l'harmonie de toutes les parties du monde sensible qu'il avait présupposée, surtout celle de l'homme et de la nature. Pour éliminer ces objets, force lui est de se réfugier dans une double manière de voir, il oscille entre une manière de voir profane qui n'aperçoit que « ce qui est visible à l'œil nu » et une manière de voir plus élevée, philosophique, qui aperçoit l'« essence véritable » des choses. Il ne voit pas que le monde sensible qui l'entoure n'est pas un objet donné directement de toute éternité et sans cesse semblable à lui-même, mais le produit de l'industrie et de l'état de la société, et cela en ce sens qu'il est un produit historique, le résultat de l'activité de toute une série de générations dont chacune se hissait sur les épaules de la précédente, perfectionnait son industrie et son commerce et modifiait son régime social en fonction de la transformation des besoins.

Les objets de la « certitude sensible » la plus simple ne sont eux-mêmes donnés à Feuerbach que par le développement social, l'industrie et les échanges commerciaux. On sait que le cerisier, comme presque tous les arbres fruitiers, a été transplanté sous nos latitudes par le commerce, il y a peu de siècles seulement, et ce n'est donc que grâce à cette action d'une société déterminée à une époque déterminée qu'il fut donné à la « certitude sensible » de Feuerbach.

D'ailleurs, dans cette conception qui voit les choses telles qu'elles sont réellement et se sont passées réellement, tout problème philosophique abscons se résout tout bonnement en un fait empirique, comme on le verra encore plus clairement un peu plus loin. Prenons par exemple la question importante des rapports de l'homme et de la nature (ou même, comme Bruno nous le dit à la page 110, les « contradictions dans la nature et dans l'histoire », comme s'il y avait là deux « choses » disjointes, comme si l'homme ne se trouvait pas toujours en face d'une nature qui est historique et d'une histoire qui est naturelle). Cette question, d'où sont nées toutes les « œuvres d'une grandeur insondable » sur la « substance » et la « conscience de soi » se réduit d'elle-même à la compréhension du fait que la si célèbre « unité de l'homme et de la nature » a existé de tout temps dans l'industrie et s'est présentée de façon différente, à chaque époque, selon le développement plus ou moins grand de l'industrie ; et il en est de même de la « lutte » de l'homme contre la nature, jusqu'à ce que les forces productives de ce dernier se soient développées sur une base adéquate.

L'industrie et le commerce, la production et l'échange des besoins vitaux conditionnent de leur côté la distribution, la structure des différentes classes sociales, pour être à leur tour conditionnés par celles-ci dans leur mode de fonctionnement. Et c'est pourquoi Feuerbach ne voit, par exemple à Manchester, que fabriques et machines là où il y avait seulement, il y a un siècle, des rouets et des métiers à tisser, et il ne découvre que pâturages et marécages dans la campagne romaine, là où il n'aurait trouvé, du temps d'Auguste, que des vignobles et des villas de capitalistes romains. Feuerbach parle en particulier de la conception de la science de la nature, il évoque des secrets qui se dévoilent seulement aux yeux du physicien et du chimiste ; mais où serait la science de la nature sans le commerce et l'industrie ? Même cette science de la nature dite « pure » n'est-ce pas seulement le commerce et l'industrie, l'activité matérielle des hommes qui lui assignent un but et lui fournissent ses matériaux ? Et cette activité, ce travail, cette création matérielle incessante des hommes, cette production en un mot est la base de tout le monde sensible tel qu'il existe de nos jours, à telle enseigne que si on l'interrompait, ne fût-ce qu'une année, non seulement Feuerbach trouverait un énorme changement dans le monde naturel, mais il déplorerait très vite aussi la perte de tout le monde humain et de sa propre faculté de contemplation, voire celle de sa propre existence.

Bien entendu, le primat de la nature extérieure n'en subsiste pas moins, et tout ceci ne peut certes s'appliquer aux premiers hommes produits par generatio aequivoca ; mais cette distinction n'a de sens que pour autant que l'on considère l'homme comme différent de la nature. Au demeurant, cette nature qui précède l'histoire des hommes n'est pas du tout la nature dans laquelle vit Feuerbach ; cette nature, de nos jours, n'existe plus nulle part, sauf peut-être dans quelques atolls australiens de formation récente, et elle n'existe donc pas non plus pour Feuerbach.

Avouons-le, Feuerbach a sur les matérialistes « purs » le grand avantage de se rendre compte que l'homme est aussi un « objet sensible » ; mais faisons abstraction du fait qu'il le saisit uniquement comme « objet sensible » et non comme « activité sensible », car, là encore, il s'en tient à la théorie et ne saisit pas les hommes dans leur contexte social donné, dans leurs conditions de vie données qui en ont fait ce qu'ils sont ; il n'en reste pas moins qu'il n'arrive jamais aux hommes qui existent et agissent réellement, il en reste à une abstraction, « l'homme » et il ne parvient à reconnaître l'homme « réel, individuel, en chair et en es » que dans le sentiment, autrement dit, il ne connaît pas d'autres « rapports humains » « de l'homme avec l'homme » que l'amour et l'amitié, et encore idéalisés. Il ne fait pas la critique des conditions de vie actuelles.

Il ne parvient donc jamais à saisir le monde sensible comme la somme de l'activité vivante et physique des individus qui le composent ; et lorsqu'il voit, par exemple, au lieu d'hommes bien portants, une bande d'affamés scrofuleux, surmenés et poitrinaires, il est contraint de se réfugier dans la « conception supérieure des choses », et dans la « compensation idéale dans le genre » ; il retombe par conséquent dans l'idéalisme, précisément là où le matérialiste communiste voit la nécessité et la condition à la fois d'une transformation radicale tant de l'industrie que de la structure sociale.

Dans la mesure où il est matérialiste, Feuerbach ne fait jamais intervenir l'histoire, et dans la mesure où il fait entrer l'histoire en ligne de compte, il n'est pas matérialiste. Chez lui, histoire et matérialisme sont complètement séparés, ce qui s'explique d'ailleurs déjà par ce qui précède.

L'histoire n'est pas autre chose que la succession des différentes générations dont chacune exploite les matériaux, les capitaux, les forces productives qui lui sont transmis par toutes les générations précédentes ; de ce fait, chaque génération continue donc, d'une part le mode d'activité qui lui est transmis, mais dans des circonstances radicalement transformées et d'autre part elle modifie les anciennes circonstances en se livrant à une activité radicalement différente ; ces faits on arrive à les dénaturer par la spéculation en faisant de l'histoire récente le but de l'histoire antérieure ; c'est ainsi par exemple qu'on prête à la découverte de l'Amérique cette fin :

Aider la Révolution française à éclater ; de la sorte on fixe alors à l'histoire ses buts particuliers et on en fait une « personne à côté d'autres personnes » (à savoir « conscience de soi, critique, unique », etc.), tandis que ce que l'on désigne par les termes de « détermination », « but », « germe », « idée » de l'histoire passée n'est rien d'autre qu'une abstraction de l'histoire antérieure, une abstraction de l'influence active que l'histoire antérieure exerce sur l'histoire récente.

Or, plus les sphères individuelles, qui agissent l'une sur l'autre, s'agrandissent dans le cours de ce développement, et plus l'isolement primitif des diverses nations est détruit par le mode de production perfectionné, par la circulation et la division du travail entre les nations qui en résulte spontanément, plus l'histoire se transforme en histoire mondiale ; de sorte que, si l'on invente par exemple en Angleterre une machine qui, dans l'Inde et en Chine, enlève leur pain à des milliers de travailleurs et bouleverse toute la forme d'existence de ces empires, cette invention devient un fait de l'histoire universelle. C'est de la même façon que le sucre et le café ont prouvé leur importance pour l'histoire universelle au XIXe siècle du fait que la carence de ces produits, résultat du blocus continental de Napoléon, provoqua le soulèvement des Allemands contre Napoléon et devint ainsi la base concrète des glorieuses guerres de libération de 1813.

Il s'ensuit que cette -transformation de l'histoire en histoire universelle n'est pas, disons, un simple fait abstrait de la « conscience de soi », de l'esprit du monde ou de quelque autre fantôme métaphysique, mais une action purement matérielle, que l'on peut vérifier de manière empirique, une action dont chaque individu fournit la preuve tel que le voilà, mangeant, buvant et s'habillant.

Les pensées de la classe dominante sont aussi, à toutes les époques, les pensées dominantes, autrement dit la classe qui est la puissance matérielle dominante de la société est aussi la puissance dominante spirituelle. La classe qui dispose des moyens de la production matérielle dispose, du même coup, des moyens de la production intellectuelle, si bien que, l'un dans l'autre, les pensées de ceux à qui sont refusés les moyens de production intellectuelle sont soumises du même coup à cette classe dominante. Les pensées dominantes ne sont pas autre chose que l'expression idéale des rapports matériels dominants, elles sont ces rapports matériels dominants saisis sous forme d'idées, donc l'expression des rapports qui font d'une classe la classe dominante ; autrement dit, ce sont les idées de sa domination. Les individus qui constituent la classe dominante possèdent, entre autres choses, également une conscience, et en conséquence ils pensent ; pour autant qu'ils dominent en tant que classe et déterminent une époque historique dans toute son ampleur, il va de soi que ces individus dominent dans tous les sens et qu'ils ont une position dominante, entre autres, comme êtres pensants aussi, comme producteurs d'idées, qu'ils règlent la production et la distribution des pensées de leur époque ; leurs idées sont donc les idées dominantes de leur époque.

Prenons comme exemple un temps et un pays où la puissance royale, l'aristocratie et la bourgeoisie se disputent le pouvoir et où celui-ci est donc partagé ; il apparaît que la pensée dominante y est la doctrine de la division des pouvoirs qui est alors énoncée comme une « loi éternelle ».

Nous retrouvons ici la division du travail que nous avons rencontrée précédemment (pp. [48-55]) comme l'une des puissances capitales de l'histoire. Elle se manifeste aussi dans la classe dominante sous forme de division entre le travail intellectuel et le travail matériel, si bien que nous aurons deux catégories d'individus à l'intérieur de cette même classe. Les uns seront les penseurs de cette classe (les idéologues actifs, qui réfléchissent et tirent leur substance principale de l'élaboration de l'illusion que cette classe se fait sur elle même), tandis que les autres auront une attitude plus passive et plus réceptive en face de ces pensées et de ces illusions, parce qu'ils sont, dans la réalité, les membres actifs de cette classe et qu'ils ont moins de temps pour se faire des illusions et des idées sur leurs propres personnes. À l'intérieur de cette classe, cette scission peut même aboutir à une certaine opposition et à une certaine hostilité des deux parties en présence. Mais dès que survient un conflit pratique où la classe tout entière est menacée, cette opposition tombe d'elle-même, tandis que l'on voit s'envoler l'illusion que les idées dominantes ne seraient pas les idées de la classe dominante et qu'elles auraient un pouvoir distinct du pouvoir de cette classe.

L'existence d'idées révolutionnaires à une époque déterminée suppose déjà l'existence d'une classe révolutionnaire et nous avons dit précédemment (pp. [48-55]) tout ce qu'il fallait sur les conditions préalables que cela suppose.

Admettons que, dans la manière de concevoir la marche de l'histoire, on détache les idées de la classe dominante de cette classe dominante elle-même et qu'on en fasse une entité. Mettons qu'on s'en tienne au fait que telles ou telles idées ont dominé à telle époque, sans s'inquiéter des conditions de la production ni des producteurs de ces idées, en faisant donc abstraction des individus et des circonstances mondiales qui sont à la base de ces idées. On pourra alors dire, par exemple, qu'au temps où l'aristocratie régnait, c'était le règne des concepts d'honneur, de fidélité, etc., et qu'au temps où régnait la bourgeoisie, c'était le règne des concepts de liberté, d'égalité, etc.. C'est ce que s'imagine la classe dominante elle-même dans son ensemble. Cette conception de l'histoire commune à tous les historiens, tout spécialement depuis le XVIIIe siècle, se heurtera nécessairement à ce phénomène que les pensées régnantes seront de plus en plus abstraites, c'est-à-dire qu'elles affectent de plus en plus la forme de l'universalité. En effet, chaque nouvelle classe qui prend la place de celle qui dominait avant elle est obligée, ne fût-ce que pour parvenir à ses fins, de représenter son intérêt comme l'intérêt commun de tous les membres de la société ou, pour exprimer les choses sur le plan des idées :

Cette classe est obligée de donner à ses pensées la forme de l'universalité, de les représenter comme étant les seules raisonnables, les seules universellement valables. Du simple fait qu'elle affronte une classe, la classe révolutionnaire se présente d'emblée non pas comme classe, mais comme représentant la société tout entière, elle apparaît comme la masse entière de la société en face de la seule classe dominante. Cela lui est possible parce qu'au début son intérêt est vraiment encore intimement lié à l'intérêt commun de toutes les autres classes non-dominantes et parce que, sous la pression de l'état de choses antérieur, cet intérêt n'a pas encore pu se développer comme intérêt particulier d'une classe particulière. De ce fait, la victoire de cette classe est utile aussi à beaucoup d'individus des autres classes qui, elles, ne parviennent pas à la domination ; mais elle l'est uniquement dans la mesure où elle met ces individus en état d'accéder à la classe dominante. Quand la bourgeoisie française renversa la domination de l'aristocratie, elle permit par là à beaucoup de prolétaires de s'élever au-dessus du prolétariat, mais uniquement en ce sens qu'ils devinrent eux-mêmes des bourgeois. Chaque nouvelle classe n'établit donc sa domination que sur une base plus large que la classe qui dominait précédemment, mais, en revanche, l'opposition entre la classe qui domine désormais et celles qui ne dominent pas ne fait ensuite que s'aggraver en profondeur et en acuité.

Il en découle ceci : le combat qu'il s'agit de mener contre la nouvelle classe dirigeante a pour but à son tour de nier les conditions sociales antérieures d'une façon plus décisive et plus radicale que n'avaient pu le faire encore toutes les classes précédentes qui avaient brigué la domination.

Toute l'illusion qui consiste à croire que la domination d'une classe déterminée est uniquement la domination de certaines idées, cesse naturellement d'elle-même, dès que la domination de quelque classe que ce soit cesse d'être la forme du régime social, c'est-à-dire qu'il n'est plus nécessaire de représenter un intérêt particulier comme étant l'intérêt général ou de représenter « l'universel » comme dominant.

Une fois les idées dominantes séparées des individus qui exercent la domination, et surtout des rapports qui découlent d'un stade donné du mode de production, on obtient ce résultat que ce sont constamment les idées qui dominent dans l'histoire et il est alors très facile d'abstraire, de ces différentes idées « l'idée », c'est-à-dire l'idée par excellence, etc., pour en faire l'élément qui domine dans l'histoire et de concevoir par ce moyen toutes ces idées et concepts isolés comme des « autodéterminations » du concept qui se développe tout au long de l'histoire. Il est également naturel ensuite de faire dériver tous les rapports humains du concept de l'homme, de l'homme représenté, de l'essence de l'homme, de l'homme en un mot. C'est ce qu'a fait la philosophie spéculative.

Hegel avoue lui-même, à la fin de la Philosophie de l'histoire qu'il « examine la seule progression du concept » et qu'il a exposé dans l'histoire la « véritable théodicée » (p. 446). Et maintenant on peut revenir aux producteurs du « concept », aux théoriciens, idéologues et philosophes, pour aboutir au résultat que les philosophes, les penseurs en tant que tels, ont de tout temps dominé dans l'histoire, – c'est-à-dire à un résultat que Hegel avait déjà exprimé, comme nous venons de le voir. En fait, le tour de force qui consiste à démontrer que l'esprit est souverain dans l'histoire (ce que Stirner appelle la hiérarchie) se réduit aux trois efforts suivants :

1° Il s'agit de séparer les idées de ceux qui, pour des raisons empiriques, dominent en tant qu'individus matériels et dans des conditions empriques, de ces hommes eux-mêmes et de reconnaître en conséquence que ce sont des idées ou des illusions qui dominent l'histoire.

2° Il faut apporter un ordre dans cette domination des idées, établir un lien mystique entre les idées dominantes successives, et l'on y parvient en les concevant comme des « autodéterminations du concept ». (Le fait que ces pensées sont réellement liées entre elles par leur base empirique rend la chose possible ; en outre, comprises en tant que pensées pures et simples, elles deviennent des distinctions que produit la pensée elle-même par scissiparité.)

3° Pour dépouiller de son aspect mystique ce « concept qui se détermine lui-même », on le transforme en une personne – « la conscience de soi » – ou, pour paraître tout à fait matérialiste, on en fait une série de personnes qui représentent « le concept » dans l'histoire, à savoir les « penseurs », les « philosophes », les idéologues qui sont considérés à leur tour comme les fabricants de l'histoire, comme le « comité des gardiens », comme les dominateurs. Du même coup, on a éliminé tous les éléments matérialistes de l'histoire et l'on peut tranquillement lâcher la bride à son destrier spéculatif.

Dans la vie courante, n'importe quel shopkeeper sait fort bien faire la distinction entre ce que chacun prétend être et ce qu'il est réellement ; mais notre histoire n'en est pas encore arrivée à cette connaissance vulgaire. Pour chaque époque, elle croit sur parole ce que l'époque en question dit d'elle-même et les illusions qu'elle se fait sur soi.

Cette méthode historique, qui régnait surtout en Allemagne, et pour cause, il faut l'expliquer en partant du contexte : l'illusion des idéologues en général, par exemple, elle est liée aux illusions des juristes, des politiciens (et même des hommes d'État en activité parmi eux), il faut donc partir des rêveries dogmatiques et des idées biscornues de ces gars-là, illusion qui s'explique tout simplement par leur position pratique dans la vie, leur métier et la division du travail.

B. LA BASE RÉELLE DE L'IDÉOLOGIE

[1.] Échanges et force productive

La plus grande division du travail matériel et intellectuel est la séparation de la ville et de la campagne. L'opposition entre la ville et la campagne fait son apparition avec le passage de la barbarie à la civilisation, de l'organisation tribale à l'État, du provincialisme à la nation, et elle persiste à travers toute l'histoire de la civilisation jusqu'à nos jours (Ligue contre la loi sur les blés). – L'existence de la ville implique du même coup la nécessité de l'administration, de la police, des impôts, etc., en un mot, la nécessité de l'organisation communale, partant de la politique en général. C'est là qu'apparut pour la première fois la division de la population en deux grandes classes, division qui repose directement sur la division du travail et les instruments de production. Déjà, la ville est le fait de la concentration, de la population, des instruments de production, du capital, des plaisirs et des besoins, tandis que la campagne met en évidence le fait opposé, l'isolement et l'éparpillement. L'opposition entre la ville et la campagne ne peut exister que dans le cadre de la propriété privée. Elle est l'expression la plus flagrante de la subordination de l'individu à la division du travail, de sa subordination à une activité déterminée qui lui est imposée. Cette subordination fait de l'un un animal des villes et de l'autre un animal des campagnes, tout aussi bornés l'un que l'autre, et fait renaître chaque jour à nouveau l'opposition des intérêts des deux parties. Ici encore le travail est la chose capitale, la puissance sur les individus, et, aussi longtemps que cette puissance existera, il y aura aussi une propriété privée.

L'abolition de cette opposition entre la ville et la campagne est l'une des premières conditions de la communauté, et cette condition dépend à son tour d'une masse de conditions matérielles préalables que la simple volonté ne suffit pas à réaliser, comme tout le monde peut le constater du premier coup d'œil. (Il faut que ces conditions soient encore développées.) On peut aussi saisir la séparation de la ville et de la campagne comme la séparation du capital et de la propriété foncière, comme le début d'une existence et d'un développement du capital indépendants de la propriété foncière, comme le début d'une propriété ayant pour seule base le travail et l'échange.
Dans les villes qui, au Moyen Âge, n'étaient pas transmises toutes construites par l'histoire antérieure, mais qui se formèrent toutes neuves, se peuplant de serfs qui s'étaient libérés, le travail particulier de chacun était son unique propriété, en dehors du petit capital qu'il apportait et qui se composait presque exclusivement des outils les plus indispensables. La concurrence des serfs fugitifs qui ne cessaient d'affluer dans les villes, la guerre incessante de la campagne contre les villes et par suite la nécessité d'une force militaire urbaine organisée, le lien constitué par la propriété en commun d'un travail déterminé, la nécessité de bâtiments communs pour la vente de leurs marchandises, en un temps où les artisans étaient aussi des commerçants, et l'exclusion de ces bâtiments que cela implique pour les personnes non-qualifiées, l'opposition des intérêts des différents métiers entre eux, la nécessité de protéger un travail appris avec peine et l'organisation féodale du pays tout entier furent cause que les travailleurs de chaque métier s'unirent en corporations.

Nous n'avons pas à approfondir ici les multiples modifications du système des corporations, introduites par les développements historiques ultérieurs. L'exode des serfs vers les villes se poursuivit sans interruption à travers tout le Moyen Âge. Ces serfs, persécutés à la campagne par leurs seigneurs, arrivaient un par un dans les villes, où ils trouvaient une communauté organisée, contre laquelle ils étaient impuissants et à l'intérieur de laquelle force leur était d'accepter la situation que leur assignait le besoin que l'on avait de leur travail et l'intérêt de leurs concurrents organisés de la ville. Ces travailleurs, qui arrivaient isolément, ne parvinrent jamais à constituer une force, car de deux choses l'une : ou leur travail était du ressort d'une corporation et devait être appris, et alors les maîtres de cette corporation les soumettaient à leurs lois et les organisaient selon leur intérêt ; ou leur travail ne demandait pas d'apprentissage, il ne ressortissait pas à un corps de métier, c'était un travail de journalier, et, dans ce cas, ils n'arrivaient jamais à créer une organisation et demeuraient une plèbe inorganisée. La nécessité du travail à la journée dans les villes créa la plèbe.

Ces villes formaient de véritables « associations » provoquées par le besoin immédiat, le souci de la protection de la propriété, et aptes à multiplier les moyens de' production et les moyens de défense de leurs membres pris individuellement.

La plèbe de ces villes, se composant d'individus étrangers les uns aux autres et qui arrivaient séparément, se trouvait sans organisation en face d'une puissance organisée, équipée pour la guerre et qui les surveillait jalousement ; et ceci explique qu'elle fut privée elle-même de tout pouvoir. Compagnons et apprentis étaient organisés dans chaque métier de la façon qui servait le mieux les intérêts des maîtres ; les rapports patriarcaux qui existaient entre leurs maîtres et eux-mêmes conféraient aux premiers une double puissance. Ceux-ci avaient d'une part une influence directe sur toute la vie des compagnons ; d'autre part, parce que ces rapports représentaient un véritable lien pour les compagnons qui travaillaient chez un même maître, ils faisaient ainsi bloc en face des compagnons des autres maîtres, et cela les séparait d'eux ; et en dernier lieu, les compagnons étaient déjà liés au régime existant du seul fait qu'ils avaient intérêt à passer maîtres eux-mêmes. Par conséquent, tandis que la plèbe en venait au moins à des émeutes contre l'ordre municipal tout entier, émeutes qui, étant donné son impuissance, demeuraient d'ailleurs parfaitement inopérantes, les compagnons ne dépassèrent pas de petites rébellions à l'intérieur de corporations isolées, comme on en trouve dans tout régime corporatif. Les grands soulèvements du Moyen Âge partirent tous de la campagne, mais ils furent également voués à l'échec, par suite de l'éparpillement des paysans et de leur inculture qui en était la conséquence.

Dans les villes, la division du travail s'accomplissait d'une manière encore parfaitement spontanée entre les différentes corporations, mais elle ne s'établissait nullement entre les ouvriers pris isolément, à l'intérieur des corporations elles-mêmes. Chaque travailleur devait être apte à exécuter tout un cycle de travaux ; il devait être en mesure de faire absolument tout ce que l'on pouvait effectuer avec ses outils ; les échanges restreints, le peu de liaison des différentes villes entre elles, la rareté de la population et la modicité des besoins ne favorisèrent pas non plus une division du travail plus poussée, et c'est pourquoi quiconque voulait passer maître devait posséder tout son métier à fond. De ce fait, on trouve encore chez les artisans du Moyen Âge un intérêt pour leur travail particulier et pour l'habileté dans ce travail qui peut s'élever jusqu'à un certain sens artistique étroit. Et c'est aussi pourquoi chaque artisan du Moyen Âge se donnait tout entier à son travail ; il était à son égard dans un rapport d'asservissement sentimental et lui était beaucoup plus subordonné que le travailleur moderne à qui son travail est indifférent.
Dans les villes, le capital était un capital naturel qui consistait en logement, outils et en une clientèle naturelle héréditaire, et il se transmettait forcément de père en fils, du fait de l'état encore embryonnaire des échanges et du manque de circulation qui en faisaient un bien impossible à réaliser.

Contrairement au capital moderne, ce n'était pas un capital que l'on pouvait évaluer en argent et pour lequel peu importe qu'il soit investi dans une chose ou dans une autre ; c'était un capital lié directement au travail déterminé de son possesseur, inséparable de ce travail, partant un capital lié à un état.

L'extension de la division du travail qui suivit fui la séparation entre la production et le commerce, la formation d'une classe particulière de commerçants, séparation qui était déjà un fait acquis dans les villes anciennes (avec les Juifs entre autres) et qui fit bientôt son apparition dans les villes de formation récente. Cela impliquait la possibilité d'une liaison commerciale dépassant les environs immédiats et la réalisation de cette possibilité dépendait des moyens de communication existants, de l'état de la sécurité publique à la campagne, conditionné lui-même par les rapports politiques (on sait que pendant tout le Moyen Âge les commerçants voyageaient en caravanes armées) ; elle dépendait aussi des besoins du territoire accessible au commerce, besoins dont le degré de développement était déterminé, dans chaque cas, par le niveau de civilisation. La constitution d'une classe particulière qui se livrait au commerce, l'extension du commerce au-delà des environs immédiats de la ville grâce aux négociants, firent apparaître aussitôt une action réciproque entre la production et le commerce.

Les villes entrent en rapports entre elles, on apporte d'une ville dans l'autre des outils nouveaux et la division de la production et du commerce suscite vite une nouvelle division de la production entre les différentes villes, chacune exploitant bientôt une branche d'industrie prédominante. La limitation primitive, la localisation, commencent peu à peu à disparaître.

Au Moyen Âge, les bourgeois étaient contraints de s'unir, dans chaque ville, contre la noblesse campagnarde pour défendre leur peau ; l'extension du commerce, l'établissement des communications amenèrent chaque ville à connaître d'autres villes qui avaient fait triompher les mêmes intérêts en luttant contre la même opposition. Ce n'est que très lentement que la classe bourgeoise se forma à partir des nombreuses bourgeoisies locales des diverses villes. L'opposition avec les rapports existants, et aussi le mode de travail que cette opposition conditionnait, transformèrent en même temps les conditions de vie de chaque bourgeois en particulier pour en faire des conditions de vie qui étaient communes à tous les bourgeois et indépendantes de chaque, individu isolé. Les, bourgeois avaient créé, ces conditions, dans la mesure où ils s'étaient détachés de l'association féodale, et ils avaient été créés par ces conditions dans la mesure où ils étaient déterminés par leur opposition avec la féodalité existante. Avec la liaison entre les différentes villes, ces conditions communes se transformèrent en conditions de classe.

Les mêmes conditions, la même opposition, les mêmes intérêts devaient faire naître les mêmes mœurs partout. La bourgeoisie elle-même ne se développe que petit à petit en même temps que ses conditions propres ; elle se partage à son tour en différentes fractions, selon la division du travail, et elle finit par absorber en son sein toutes les classes possédantes préexistantes (cependant qu'elle transforme en une nouvelle classe, le prolétariat, la majorité de la classe non-possédante qui existait avant elle et une partie de la classe jusque-là. possédante), dans la mesure où toute la propriété existante est convertie en capital commercial ou industriel. Les individus isolés ne forment une classe que pour autant qu'ils doivent mener une lutte commune contre une autre classe ; pour le reste, ils se retrouvent ennemis dans la concurrence. Par ailleurs, la classe devient à son tour indépendante à l'égard des individus, de sorte que ces derniers trouvent leurs conditions de vie établies d'avance, reçoivent de leur classe, toute tracée, leur position dans la vie et du même coup leur développement personnel ; ils sont subordonnés à leur classe. C'est le même phénomène que la subordination des individus isolés à la division du travail et ce phénomène ne peut être supprimé que si l'on supprime la propriété privée et le travail lui-même. Nous avons maintes fois indiqué comment cette subordination des individus à leur classe devient en même temps la subordination à toutes sortes de représentations, etc.

Il dépend uniquement de l'extension des échanges que les forces productives acquises dans une localité, surtout les inventions, soient perdues pour le développement ultérieur ou ne le soient pas. Tant que des relations commerciales dépassant le voisinage immédiat n'existent pas encore, on doit faire la même invention en particulier dans chaque localité, et il suffit de purs hasards, tels que l'irruption de peuples barbares et même les guerres ordinaires, pour obliger un pays qui a des forces productives et des besoins développés à repartir de zéro. Au début de l'histoire, il fallait recréer chaque jour chaque invention et la faire dans chaque localité d'une façon indépendante. L'exemple des Phéniciens nous montre à quel point les forces productives développées, même avec un commerce relativement fort étendu, sont peu à l'abri de la destruction complète, car leurs inventions disparurent en majeure partie, et pour longtemps, du fait que leur nation fut éliminée du commerce et conquise par Alexandre, ce qui provoqua sa décadence. Il en est de même au Moyen Âge de la peinture sur verre, par exemple. La durée des forces productives acquises n'est assurée que du jour où le commerce est devenu un commerce mondial qui a pour base la grande industrie et que toutes les nations sont entraînées dans la lutte de la concurrence.

La division du travail entre les différentes villes eut pour première conséquence la naissance des manufactures, branches de la production échappant au système corporatif.

Le premier épanouissement des manufactures – en Italie et plus tard en Flandre – eut comme condition historique préalable le commerce avec les nations étrangères. Dans les autres pays – l'Angleterre et la France, par exemple – les manufactures se limitèrent au début au marché intérieur. En plus des conditions préalables déjà indiquées, les manufactures demandent encore pour s'établir une concentration déjà poussée de la population – surtout à la campagne -et du capital également qui commençait à s'accumuler dans un petit nombre de mains, en partie dans les corporations, malgré les règlements administratifs, et en partie chez les commerçants.

C'est le travail qui impliquait d'emblée une machine, même sous la forme la plus rudimentaire, qui s'avéra très vite le plus susceptible de développement. Le tissage, que les paysans pratiquaient jusqu'alors à la campagne en marge de leur travail pour se procurer les vêtements nécessaires, fut le premier travail qui reçut une impulsion et prit un plus ample développement grâce à l'extension des relations commerciales. Le tissage fut la première et demeura la principale activité manufacturière. La demande d'étoffes pour les vêtements qui grandissait corrélativement à la population, le commencement de l'accumulation et de la mobilisation du capital primitif grâce à une circulation accélérée, le besoin de luxe qui en résulta et que favorisa surtout l'extension progressive du commerce, donnèrent au tissage, tant pour la qualité que pour la quantité, une impulsion qui l'arracha à la forme de production antérieure.

À côté des paysans tissant pour leurs besoins personnels, qui continuèrent à subsister et que l'on trouve encore, naquit dans les villes une nouvelle classe de tisserands dont la toile était destinée à tout le marché intérieur et la plupart du temps aussi, aux marchés extérieurs.

Le tissage, travail qui exige peu d'habileté dans la plupart des cas et qui se subdivisa vite en une infinité de branches, était, de par toute sa nature, réfractaire aux chaînes de la corporation. De ce fait, il fut surtout pratiqué dans les villages et dans les bourgades sans organisation corporative qui devinrent peu à peu des villes et même rapidement les villes les plus florissantes de chaque pays.

Avec la manufacture libérée de la corporation, les rapports de propriété se transformèrent aussi immédiatement. Le premier pas en avant pour dépasser le capital naturellement accumulé dans le cadre d'un ordre social, fut marqué par l'apparition des commerçants qui eurent d'emblée un capital mobile, donc un capital au sens moderne du mot, autant qu'il puisse en être question dans les conditions de vie d'alors. Le second progrès fut marqué par la manufacture qui mobilisa à son tour une masse du capital primitif et accrut de façon générale la masse du capital mobile par rapport au capital primitif.

La manufacture devint du même coup un refuge pour les paysans, contre les corporations qui les excluaient ou qui les payaient mal, comme autrefois les villes corporatives leur avaient servi de refuge contre [la noblesse campagnarde qui les opprimait].

Le début des manufactures fut marqué en même temps par une période de vagabondage, causé par la disparition des troupes armées féodales et par le renvoi des armées que l'on avait rassemblées et que les rois avaient utilisées contre leurs vassaux, et causé également par l'amélioration de l'agriculture et la transformation en pâturage de larges zones de terres de culture. Il découle déjà de ces faits que ce vagabondage est exactement lié à la décomposition de la féodalité. Dès le XIIIe siècle, on trouve quelques périodes de ce genre, mais le vagabondage ne s'établit de façon permanente et généralisée qu'à la fin du XVe siècle et au début du XVIe siècle. Les vagabonds étaient en tel nombre que le roi Henri VIII d'Angleterre, entre autres, en fit pendre 72 000 et il fallut une misère extrême pour arriver à les mettre au travail, et cela au prix de difficultés énormes et après une longue résistance. La prospérité rapide des manufactures, surtout en Angleterre, les absorba progressivement.

Avec la manufacture, les différentes nations entrèrent dans des rapports de concurrence, engagèrent une lutte commerciale qui fut menée par le moyen de guerres, de droits de douane protecteurs et de prohibitions, alors qu'autrefois les nations n'avaient pratiqué entre elles, quand elles étaient en relations, que des échanges inoffensifs. Le commerce a désormais une signification politique.

La manufacture entraîna du même coup un changement des rapports entre travailleur et employeur.

Dans les corporations, les rapports patriarcaux entre les compagnons et le maître subsistaient ; dans la manufacture, ils furent remplacés par des rapports d'argent entre le travailleur et le capitaliste, rapports qui restèrent teintés de patriarcalisme à la campagne et dans les petites villes, mais qui, très tôt, perdirent presque toute couleur patriarcale dans les villes proprement manufacturières d'une certaine importance.

La manufacture et le mouvement de la production en général prirent un essor prodigieux, du fait de l'extension du commerce amenée par la découverte de l'Amérique et de la route maritime des Indes orientales. Les produits nouveaux importés des Indes, et principalement les masses d'or et d'argent qui entrèrent en circulation, transformèrent de fond en comble la situation réciproque des classes sociales et portèrent un rude coup à la propriété foncière féodale et aux travailleurs ; les expéditions des aventuriers, la colonisation, et avant tout le fait que les marchés prirent l'ampleur de marchés mondiaux, ce qui était rendu maintenant possible et se réalisait chaque jour davantage, provoquèrent une nouvelle phase du développement historique ; mais nous n'avons pas dans l'ensemble à nous y arrêter davantage ici. La colonisation des pays récemment découverts fournit un aliment nouveau à la lutte commerciale que se livraient les nations et par conséquent cette lutte connut une extension et un acharnement plus grands.

L'extension du commerce et de la manufacture accélérèrent l'accumulation du capital mobile, tandis que, dans les corporations qui ne recevaient aucun stimulant pour accroître leur production, le capital primitif restait stable ou même diminuait. Le commerce et la manufacture créèrent la grande bourgeoisie ; dans les corporations, on vit se concentrer la petite bourgeoisie qui désormais ne régnait plus dans les villes comme autrefois, mais devait se soumettre à la domination des grands commerçants et des manufacturiers. D'où le déclin des corporations dès qu'elles entraient en contact avec la manufacture.

Les rapports commerciaux des nations entre elles prirent deux aspects différents dans la période dont nous avons parlé. Au début, la faible quantité d'or et d'argent en circulation détermina l'interdiction d'exporter ces métaux ; et la nécessité d'occuper la population grandissante des villes rendit nécessaire l'industrie, importée de l'étranger la plupart du temps, et cette industrie ne pouvait se passer des privilèges qui pouvaient naturellement être accordés non seulement contre la concurrence intérieure, mais surtout contre la concurrence extérieure. Dans ces prohibitions primitives, le privilège corporatif local fut étendu à la nation entière. Les droits de douane ont leur origine dans les droits que les seigneurs féodaux imposaient aux marchands qui traversaient leur territoire comme rachat du pillage ; ces droits furent plus tard également imposés par les villes et, avec l'apparition des États modernes, ils furent le moyen le plus à la portée de la main pour permettre au fisc d'encaisser de l'argent.

Ces mesures prirent une autre signification avec l'apparition de l'or et de l'argent américains sur les marchés européens, avec le développement progressif de l'industrie, l'essor rapide du commerce et ses conséquences, la prospérité de la bourgeoisie en dehors des corporations et l'importance grandissante de l'argent. L'État, pour lequel il devenait de jour en jour plus difficile de se passer d'argent, maintint l'interdiction d'exporter de l'or et de l'argent, uniquement pour des considérations fiscales ; les bourgeois, dont l'objectif principal était maintenant d'accaparer ces masses d'argent nouvellement lancées sur le marché, étaient pleinement satisfaits ; les privilèges existants devinrent une source de revenus pour le gouvernement et furent vendus contre de l'argent ; dans la législation des douanes apparurent les droits à l'exportation qui, mettant simplement un obstacle sur la route de l'industrie, avaient un but purement fiscal.

La deuxième période débuta au milieu du XVIIe siècle et dura presque jusqu'à la fin du XVIIIe. Le commerce et la navigation s'étaient développés plus rapidement que la manufacture qui jouait un rôle secondaire ; les colonies commencèrent à devenir de gros consommateurs ; au prix de longs combats, les différentes nations se partagèrent le marché mondial qui s'ouvrait. Cette période s'ouvre par les lois sur la navigation et les monopoles coloniaux.

On évita autant que possible par des tarifs, des prohibitions, des traités, que les diverses nations puissent se faire concurrence ; et, en dernière instance, ce furent les guerres, et surtout les guerres maritimes, qui servirent à mener la lutte de la concurrence et décidèrent de son issue. La nation la plus puissante sur mer, l'Angleterre, conserva la prépondérance sur le plan du commerce et de la manufacture. Déjà, ici, concentration sur un seul pays.

La manufacture était constamment garantie sur le marché national par des droits protecteurs, par une position de monopole sur le marché colonial, et le plus possible vers l'extérieur par des douanes différentielles. On favorisa la transformation de la matière brute produite dans le pays même (laine et lin en Angleterre, soie en France) ; on interdit l'exportation de la matière première produite sur place (laine en Angleterre) et l'on négligea ou entrava celle de la matière importée (coton en Angleterre). La nation qui possédait la suprématie dans le commerce maritime et la puissance coloniale s'assura aussi naturellement la plus grande extension quantitative et qualitative de la manufacture. La manufacture ne pouvait absolument pas se passer de protection, étant donné que la moindre modification qui se produit dans d'autres pays peut lui faire perdre son marché et la ruiner ; car si on l'introduit facilement dans un pays dans des conditions tant soit peu favorables, on la détruit de ce fait tout aussi facilement.

D'autre part, par la manière dont elle s'est pratiquée à la campagne, surtout au XVIIIe siècle, la manufacture est liée si intimement aux conditions de vie d'une grande masse d'individus que nul pays ne peut risquer de mettre son existence en jeu en introduisant la libre concurrence. Dans la mesure où elle parvient à exporter, elle dépend donc entièrement de l'extension ou de la limitation du commerce et elle exerce sur lui une action en retour relativement très faible. De là, son importance secondaire et l'influence des commerçants au XVIIIe siècle. Ce furent les commerçants, et tout particulièrement les armateurs, qui, plus que tous autres, insistèrent pour la protection de l'État et les monopoles ; les manufacturiers demandèrent et obtinrent certes aussi cette protection, mais cédèrent toujours le pas aux commerçants pour ce qui est de l'importance politique. Les villes commerçantes, les ports en particulier, atteignirent un degré de civilisation relatif et devinrent des villes de grande bourgeoisie tandis que dans les villes industrielles subsista le plus l'esprit petit-bourgeois. Cf. Aikin, par exemple. Le XVIIIe siècle fut le siècle du commerce. Pinto le dit expressément : « Le commerce est la marotte du siècle » ; et « depuis quelque temps il n'est plus question que de commerce, de navigation et de marine ».

Cette période est aussi caractérisée par la levée de l'interdiction d'exporter l'or et l'argent, par la naissance du commerce de l'argent, des banques, des dettes d'État, du papier-monnaie, des spéculations sur les fonds et les actions, de l'agiotage sur tous les articles, du développement du système monétaire en général.

Le capital perdit à nouveau une grande partie du caractère naturel qui lui était encore inhérent.

La concentration du commerce et de la manufacture dans un seul pays, l'Angleterre, telle qu'elle se développa sans interruption au XVIIe siècle, créa progressivement pour ce pays un marché mondial relatif et suscita de ce fait une demande des produits anglais manufacturés que les forces productives industrielles antérieures ne pouvaient plus satisfaire. Cette demande qui débordait les forces productives fut la force motrice qui suscita la troisième période de la propriété privée depuis le Moyen Âge en créant la grande industrie, – l'utilisation des forces de la nature à des fins industrielles, le machinisme et la division du travail la plus poussée. Les autres conditions de cette nouvelle phase, telles que la liberté de la concurrence à l'intérieur de la nation, le perfectionnement de la mécanique théorique, etc., existaient déjà en Angleterre (la mécanique, parachevée par Newton, était d'ailleurs la science la plus populaire en France et en Angleterre au XVIIIe siècle). (Quant à la libre concurrence à l'intérieur de la nation elle-même, une révolution fut partout nécessaire pour la conquérir -en 1640 et en 1688 en, Angleterre, en 1789 en France.) La concurrence força bientôt tout pays qui voulait conserver son rôle historique à protéger ses manufactures par de nouvelles mesures douanières (car les anciennes n'étaient plus d'aucun secours contre la grande industrie) et force leur fut d'introduire peu après la grande industrie accompagnée de tarifs protecteurs.

En dépit de ces moyens de protection, la grande industrie rendit la concurrence universelle (elle représente la liberté commerciale pratique, et les douanes protectrices ne sont chez elle qu'un palliatif, une arme défensive à l'intérieur de la liberté du commerce), elle établit les moyens de communication et le marché mondial moderne mit le commerce sous sa domination, transforma tout capital en capital industriel et engendra de ce fait la circulation (perfectionnement du système monétaire) et la centralisation rapide des capitaux. Par le moyen de la concurrence universelle, elle contraignit tous les individus à une tension maximum de leur énergie. Elle anéantit le plus possible l'idéologie, la religion, la morale, etc., et, lorsque cela lui était impossible, elle en fit des mensonges flagrants. C'est elle qui créa véritablement l'histoire mondiale, dans la mesure où elle fit dépendre du monde entier chaque nation civilisée, et chaque individu dans cette nation pour la satisfaction de ses besoins, et où elle anéantit le caractère exclusif des diverses nations, qui était naturel jusqu'alors. Elle subordonna la science de la nature au capital et enleva à la division du travail sa dernière apparence de phénomène naturel. D'une manière générale elle anéantit tout élément naturel dans la mesure où c'est possible à l'intérieur du travail, et réussit à dissoudre tous les rapports naturels pour en faire des rapports d'argent. À la place des villes nées naturellement elle créa les grandes vines industrielles modernes qui ont poussé comme des champignons.

Partout où elle pénétra, elle détruisit l'artisanat et, d'une façon générale, tous les stades antérieurs de l'industrie. Elle paracheva la victoire de la ville commerçante sur la campagne. Sa condition première est le système automatique. Son développement créa une masse de forces productives pour les. quelles la propriété privée devint tout autant une entrave que la corporation en avait été une pour la manufacture et la petite exploitation rurale une autre pour l'artisanat en voie de développement. Ces forces productives connaissent dans la propriété privée un développement qui n'est qu'unilatéral, elles deviennent pour la plupart des forces destructives et une foule d'entre elles ne peut pas trouver la moindre utilisation sous son régime. En général, elle créa partout les mêmes rapports entre les classes de la société et détruisit de ce fait le caractère particulier des différentes nationalités. Et enfin, tandis que la bourgeoisie de chaque nation conserve encore des intérêts nationaux particuliers, la grande industrie créa une classe dont les intérêts sont les mêmes dans toutes les nations et pour laquelle la nationalité est déjà abolie, une classe qui s'est réellement débarrassée du monde ancien et qui s'oppose à lui en même temps. Ce ne sont pas seulement les rapports avec le capitaliste, c'est le travail lui-même qu'elle rend insupportable à l'ouvrier.

Il va de soi que la grande industrie ne parvient pas au même degré de perfectionnement dans toutes les agglomérations d'un même pays.

Mais cela n'arrête pas le mouvement de classe du prolétariat puisque les prolétaires engendrés par la grande industrie se placent à la tête de ce mouvement et entraînent toute la masse avec eux et puisque les travailleurs exclus de la grande industrie sont placés dans une situation pire encore que les, travailleurs de la grande industrie même. De même, les pays dans lesquels s'est développée une grande industrie agissent sur les pays plus ou moins dépourvus d'industrie dans la mesure où ces derniers sont entraînés par le commerce mondial dans la lutte de la concurrence universelle.

Ces diverses formes sont autant de formes de l'organisation du travail et du même coup de la propriété. Dans chaque période, il s'est produit une union des forces productives existantes, dans la mesure où les besoins l'avaient rendue nécessaire.

[2.] Rapports de L'État et du droit avec la propriété

Dans le monde antique comme au Moyen Âge, la première forme de la propriété est la propriété tribale, conditionnée principalement chez les Romains par la guerre et chez les Germains par l'élevage. Chez les peuples antiques où plusieurs tribus cohabitent dans une même ville, la propriété de la tribu apparaît comme propriété d'État et le droit de l'individu à cette propriété comme simple possession qui cependant se borne, à l'instar de la propriété tribale du reste, à la seule propriété foncière.

La propriété proprement privée commence, chez les Anciens comme chez les peuples modernes, avec la propriété mobilière. – (Esclavage et communauté) (dominiun ex jure quiritum). Chez les peuples qui sortent du Moyen Âge, la propriété. tribale évolue donc en passant par les stades différents – propriété foncière féodale, propriété mobilière corporative, capital de manufacture – jusqu'au capital moderne, conditionné par la grande industrie et la concurrence universelle, qui représente la propriété privée à l'état pur, dépouillée de toute apparence de communauté et ayant exclu toute action de l'État sur le développement de la propriété. C'est à cette propriété privée moderne que correspond l'État moderne, dont les propriétaires privés ont fait peu à peu acquisition par les impôts, qui est entièrement tombé entre leurs mains par le système de, la dette publique et dont l'existence dépend exclusivement, par le jeu de la hausse et de la baisse des valeurs d'État à la Bourse, du crédit commercial que lui accordent les propriétaires privés, les bourgeois. Du seul fait qu'elle est une classe et non plus un ordre, la bourgeoisie, est contrainte de s'organiser sur le plan national, et non plus sur le plan local, et de donner une forme universelle à ses intérêts communs. En émancipant de la communauté la propriété privée, l'État a acquis une existence particulière à côté de la société civile et en dehors d'elle ; mais cet État n'est pas autre chose que la forme d'organisation que les bourgeois se donnent par nécessité, pour garantir réciproquement leur propriété et leurs intérêts, tant à l'extérieur qu'à l'intérieur.

L'indépendance de l'État n'existe plus aujourd'hui que dans les seuls pays où les ordres ne sont pas encore entièrement parvenus dans leur développement au stade des classes et jouent encore un rôle, alors qu'ils sont éliminés dans les pays plus évolués, dans des pays donc où il existe une situation hybride et dans lesquels, par conséquent, aucune partie de la population ne peut parvenir à dominer les autres. C'est tout spécialement le cas en Allemagne. L'exemple d'État moderne le plus achevé est l'Amérique du Nord. Us écrivains français, anglais et américains modernes en arrivent tous sans exception à déclarer que l'État n'existe qu'à cause de la propriété privée, si bien que cette conviction est passée dans la conscience commune.

L'État étant donc la forme par laquelle les individus d'une classe dominante font valoir leurs intérêts communs et dans laquelle se résume toute la société civile d'une époque, il s'ensuit que toutes les institutions communes passent par l'intermédiaire de l'État et reçoivent une forme politique. De là, l'illusion que la loi repose sur la volonté, et qui mieux est, sur une volonté libre, détachée de sa base concrète.

De même, on ramène à son tour le droit à la loi. La dissolution de la communauté naturelle engendre le droit privé ainsi que la propriété privée, qui se développent de pair. Chez les Romains, le développement de la propriété privée et du droit privé n'eut aucune autre conséquence industrielle ou commerciale parce que tout leur mode de production restait le même.

Chez les peuples modernes où l'industrie et le commerce amenèrent la dissolution de la communauté féodale, la naissance de la propriété privée et du droit privé marqua le début d'une phase nouvelle susceptible d'un développement ultérieur. Amalfi, première ville du Moyen Âge qui eut un commerce maritime étendu, fut aussi la première à élaborer le droit maritime. En Italie d'abord et plus tard dans d'autres pays, dès que le commerce et l'industrie eurent amené un développement plus considérable de la propriété privée, on reprit immédiatement le droit privé des Romains déjà élaboré, qui fut élevé au rang d'autorité. Plus tard, lorsque la bourgeoisie eut acquis assez de puissance pour que les princes se chargent de ses intérêts, utilisant cette bourgeoisie comme un instrument pour renverser la classe féodale, le développement proprement dit du droit commença dans tous les pays – en France au XVIe siècle – et dans tous les pays, à l'exception de l'Angleterre, ce développement s'accomplit sur les bases du droit romain. Même en Angleterre, où dut introduire des principes du droit romain (en particulier pour la propriété mobilière) pour continuer à perfectionner le droit privé. (N'oublions pas que le droit n'a pas davantage que la religion une histoire qui lui soit propre.)

Dans le droit privé, on exprime les rapports de propriété existants comme étant le résultat d'une volonté générale. Le jus utendi et abutendi lui-même exprime d'une part le fait que la propriété privée est devenue complètement indépendante de la communauté, et d'autre part l'illusion que la propriété privée elle-même repose sur la seule volonté privée, sur la libre disposition des choses.

En pratique, l'abuti a des limites économiques très déterminées pour le propriétaire privé, s'il ne veut pas voir sa propriété, et avec elle son jus abutendi, passer dans d'autres mains ; car somme toute, la chose, considérée uniquement dans ses rapports avec sa volonté, n'est rien du tout, mais devient seulement dans le commerce, et indépendamment du droit, une chose, une propriété réelle (un rapport, ce que les philosophes appellent une idée).

Cette illusion juridique, qui réduit le droit à la seule volonté, aboutit fatalement dans la suite du développement des rapports de propriété au fait que quelqu'un peut avoir un titre juridique à une chose sans détenir réellement la chose. Mettons, par exemple, que la rente d'un terrain soit supprimée par la concurrence, le propriétaire de ce terrain conserve bien son titre juridique à ce terrain ainsi que son jus utendi et abutendi. Mais il ne peut rien en faire, il ne possède rien en tant que propriétaire foncier, s'il lui arrive de ne pas posséder par surcroît assez de capitaux pour cultiver son terrain. Cette même illusion des juristes explique que, pour eux ainsi que pour tout code juridique, il apparaît comme une pure contingence que des individus entrent en rapports entre eux, par contrat par exemple, et qu'à leurs yeux des rapports de ce genre passent pour être de ceux auxquels on peut souscrire ou non, selon son gré, et dont le contenu repose entièrement sur la volonté arbitraire et individuelle des contractants.

Chaque fois que le développement de l'industrie et du commerce a créé de nouvelles formes d'échanges (par exemple, compagnies d'assurances et autres), le droit fut régulièrement obligé de les intégrer dans les modes d'acquisition de la propriété.

Rien n'est plus courant que l'idée qu'il s'est agi jusqu'ici dans l'histoire uniquement de prises de possession. Les barbares s'emparent de l'Empire romain, et c'est par cette prise de possession qu'on explique le passage du monde ancien à la féodalité. Mais dans cette prise de possession par les barbares, il s'agit de savoir si la nation dont on s'empare a développé des forces productives industrielles, comme c'est le cas chez les peuples modernes, ou si ses forces productives reposent uniquement sur leur rassemblement et sur la communauté. La prise de possession est en outre conditionnée par l'objet dont on s'empare. On ne peut absolument pas s'emparer de la fortune d'un banquier, qui consiste en papiers, sans que le preneur se soumette aux conditions de production et de circulation du pays conquis. Il en est de même de tout le capital industriel d'un pays industriel moderne. Et, en dernier ressort, la prise de possession prend rapidement fin en tous lieux et, lorsqu'il n'y a plus rien à prendre, il faut bien se mettre à produire. Il découle de cette nécessité de produire qui se manifeste très tôt, que la forme de communauté adoptée par les conquérants qui s'installent doit correspondre au stade de développement des forces de production qu'ils trouvent, et, si ce n'est pas le cas d'emblée, la forme de communauté doit se transformer en fonction des forces productives.

D'où l'explication d'un fait que l'on croit avoir remarqué partout au temps qui suit les grandes invasions : en fait, le valet était le maître et les conquérants adoptèrent vite le langage, la culture et les mœurs du pays conquis.

La féodalité ne fut nullement apportée toute faite d'Allemagne, mais elle eut son origine, du côté des conquérants, dans l'organisation militaire de l'armée pendant la conquête même, et cette organisation se développa après la conquête, sous l'effet des forces productives trouvées dans les pays conquis, pour devenir seulement alors la féodalité proprement dite. L'échec des tentatives faites pour imposer d'autres formes nées de réminiscences de l'ancienne Rome (Charlemagne, par exemple) nous montre à quel point la forme féodale était conditionnée par les forces productives.

[3.] Instruments de production

et formes de propriété naturels et civilisés
… est trouvé. Il résulte du premier point une division du travail perfectionnée et un commerce étendu comme condition préalable, le caractère local résultant du deuxième point. Dans le premier cas, on doit rassembler les individus ; dans le second cas, ils se trouvent à côté de l'instrument de production donné, comme instruments de production eux-mêmes. Ici apparaît donc la différence entre les instruments de production naturels et les instruments de production créés par la civilisation. Le champ cultivé (Peau, etc.) peut être considéré comme un instrument de production naturel.

Dans le premier cas, pour l'instrument de production naturel, les individus sont subordonnés à la nature ; dans le second cas, ils le sont à un produit du travail. Dans le premier cas, la propriété, ici la propriété foncière, apparaît donc aussi comme une domination immédiate et naturelle ; dans le second cas, cette propriété apparaît comme une domination du travail et, en l'espèce, du travail accumulé, du capital. Le premier cas présuppose que les individus sont unis par un lien quelconque, que ce soit la famille, la tribu, le sol même, etc. Le second cas présuppose qu'ils sont indépendants les uns des autres et ne sont retenus ensemble que par l'échange. Dans le premier cas, l'échange est essentiellement un échange entre les hommes et la nature, un échange dans lequel le travail des uns est troqué contre le produit de l'autre ; dans le second cas, il est, de façon prédominante, un échange entre les hommes eux-mêmes. Dans le premier cas, une intelligence moyenne suffit pour l'homme, l'activité corporelle et l'activité intellectuelle ne sont nullement séparées encore ; dans le second cas, la division entre le travail corporel et le travail intellectuel doit déjà être pratiquement accomplie. Dans le premier cas, la domination du propriétaire sur les non-possédants peut reposer sur des rapports personnels, sur une sorte de communauté ; dans le second cas, elle doit avoir pris une forme matérielle, s'incarner dans un troisième terme, l'argent.

Dans le premier cas, la petite industrie existe, mais subordonnée à l'utilisation de l'instrument de production naturel et, de ce fait, sans répartition du travail entre les différents individus ; dans le second cas, l'industrie n'existe que dans la division du travail et par cette division.

Nous sommes partis jusqu'à présent des instruments de production et la nécessité de la propriété privée pour certains stades industriels était déjà évidente en ce cas. Dans l'industrie extractive, la propriété privée coïncide encore pleinement avec le travail ; dans la petite industrie et, dans toute l'agriculture jusqu'ici, la propriété est la conséquence nécessaire des instruments de travail existants ; dans la grande industrie, la contradiction entre l'instrument de production et la propriété privée n'est que le produit de cette industrie qui doit être déjà très développée pour le créer. L'abolition de la propriété privée n'est donc aussi possible qu'avec la grande industrie.

Dans la grande industrie et la concurrence, toutes les conditions d'existence, les déterminations et les limitations des individus sont fondues dans les deux formes les plus simples : propriété privée et travail. Avec l'argent, toute forme d'échange et l'échange lui-même sont posés pour les individus comme contingents. Il est donc dans la nature même de l'argent que toutes les relations jusqu'alors n'étaient que relations des individus vivant dans des conditions déterminées, et non des relations entre individus en tant qu'individus.

Ces conditions se réduisent maintenant à deux seulement : travail accumulé ou propriété privée d'une part, travail réel d'autre part. Si l'une de ces conditions disparaît, l'échange est interrompu. Les économistes modernes eux-mêmes, Sismondi par exemple, Cherbuliez, etc., opposent l'association des individus à l'association des capitaux. D'autre part, les individus eux-mêmes sont complètement subordonnés à la division du travail et ils sont par là même placés dans une dépendance les uns vis-à-vis des autres. Dans la mesure où, à l'intérieur du travail, elle s'oppose au travail, la propriété privée naît et se développe par la nécessité de l'accumulation et continue, au début, à conserver la forme de la communauté, pour se rapprocher cependant de plus en plus de la forme moderne de la propriété privée dans son développement ultérieur. D'emblée, la division du travail implique aussi déjà la division des conditions de travail, instruments et matériaux, et, avec cette division, le morcellement du capital accumulé entre divers propriétaires et par suite le morcellement entre capital et travail ainsi que les diverses formes de la propriété elle-même. Plus la division du travail se perfectionne, plus l'accumulation augmente, et plus ce morcellement se précise également de façon marquée. Le travail lui-même ne peut subsister qu'à la condition de ce morcellement.

Deux faits apparaissent donc ici.

Premièrement, les forces productives se présentent comme complètement indépendantes et détachées des individus, comme un monde à part, à côté des individus, ce qui a sa raison d'être dans le fait que les individus, dont elles sont les forces, existent en tant qu'individus éparpillés et en opposition les uns avec les autres, tandis que ces forces ne sont d'autre part des forces réelles que dans le commerce et l'interdépendance de ces individus. Donc, d'une part, une totalité des forces productives qui ont pris une sorte de forme objective et ne sont plus pour les individus eux-mêmes les forces des individus, mais celles de la propriété privée et, partant, celles des individus uniquement dans la mesure où ils sont propriétaires privés. Dans aucune période précédente, les forces productives n'avaient pris cette forme indifférente au commerce des individus en tant qu'individus, parce que leurs relations étaient encore limitées. D'autre part, on voit se dresser, en face de ces forces productives, la majorité des individus dont ces forces se sont détachées et qui sont de ce fait frustrés du contenu réel de leur vie, sont devenus des individus abstraits, mais qui, par là même et seulement alors, sont mis en état d'entrer en rapport les uns avec les autres en tant qu'individus.

Le travail, seul lien qui les unisse encore aux forces productives et à leur propre existence, a perdu chez eux toute apparence de manifestation de soi, et ne maintient leur vie qu'en l'étiolant.

Dans les périodes précédentes, la manifestation de soi et la production de la vie matérielle étaient séparées par le seul fait qu'elles incombaient à des personnes différentes et que la production de la vie matérielle passait encore pour une manifestation de soi d'ordre inférieur à cause du caractère limité des individus eux-mêmes ; aujourd'hui, manifestation de soi et production de la vie matérielle sont séparées au point que la vie matérielle apparaît comme étant le but, et la production de la vie matérielle, c'est-à-dire le travail, comme étant le moyen (ce travail étant maintenant la seule forme possible, mais comme nous le voyons, négative, de la manifestation de soi).

Nous en sommes arrivés aujourd'hui au point que les individus sont obligés de s'approprier la totalité des forces productives existantes, non seulement pour parvenir à une manifestation de soi, mais avant tout pour assurer leur existence. Cette appropriation est conditionnée, en premier lieu, par l'objet qu'il s'agit de s'approprier, ici donc les forces productives développées jusqu'au stade de la totalité et existant uniquement dans le cadre d'échanges universels. Déjà, sous cet angle, cette appropriation doit nécessairement présenter un caractère universel correspondant aux forces productives et aux échanges. L'appropriation de ces forces n'est elle-même pas autre chose que le développement des facultés individuelles correspondant aux instruments matériels de production.

Par là même, l'appropriation d'une totalité d'instruments de production est déjà le développement d'une totalité de facultés dans les individus eux-mêmes. Cette appropriation est en outre conditionnée par les individus qui s'approprient. Seuls les prolétaires de l'époque actuelle, totalement exclus de toute activité individuelle autonome, sont en mesure de parvenir à un développement total, et non plus borné, qui consiste dans l'appropriation d'une totalité de forces productives et dans le développement d'une totalité de facultés que cela implique. Toutes les appropriations révolutionnaires antérieures étaient limitées. Des individus dont l'activité libre était bornée par un instrument de production limité et des échanges limités, s'appropriaient cet instrument de production limité et ne parvenaient ainsi qu'à une nouvelle limitation. Leur instrument de production devenait leur propriété, mais eux-mêmes restaient subordonnés à la division du travail et à leur propre instrument de production. Dans toutes les appropriations antérieures, une masse d'individus restait subordonnée à un seul instrument de production ; dans l'appropriation par les prolétaires, c'est une masse d'instruments de production qui est nécessairement subordonnée à chaque individu, et la propriété qui l'est à fous. Les échanges universels modernes ne peuvent être subordonnés aux individus qu'en étant subordonnés à tous.

L'appropriation est en outre conditionnée par la façon particulière dont elle doit nécessairement s'accomplir.

Elle ne peut s'accomplir que par une union obligatoirement universelle à son tour, de par le caractère du prolétariat lui-même, et par une révolution qui renversera, d'une part, la puissance du mode de production et d'échange précédent, ainsi que le pouvoir de la structure sociale antérieure, et qui développera, d'autre part, le caractère universel du prolétariat et l'énergie qui lui est nécessaire pour mener à bien cette appropriation, une révolution enfin où le prolétariat se dépouillera en outre de tout ce qui lui reste encore de sa position sociale antérieure.

C'est seulement à ce stade que la manifestation de l'activité individuelle libre coïncide avec la vie matérielle, ce qui correspond à la transformation des individus en individus complets et au dépouillement de tout caractère imposé originairement par la nature ; à ce stade, correspond la transformation du travail en activité libre et la métamorphose des échanges jusque-là conditionnés en commerce des individus en tant qu'individus. Avec l'appropriation de la totalité des forces productives par les individus réunis, la propriété privée se trouve abolie.

Tandis que dans l'histoire antérieure, chaque condition particulière apparaissait toujours comme accidentelle, c'est maintenant l'isolement des individus eux-mêmes, le gain privé de chacun, qui sont devenus accidentels.

Les individus qui ne sont plus subordonnés à la division du

travail, les philosophes se les sont représentés, comme idéal, sous le terme d'« homme », et ils ont compris tout le processus que nous venons de développer comme étant le développement de « l'homme » ; si bien qu'à chaque stade de l'histoire passée, on a substitué « l'homme » aux individus existants et on l'a présenté comme la force motrice de l'histoire.

Tout le processus fut donc compris comme processus d'auto-aliénation de « l'homme », et ceci provient essentiellement du fait que l'individu moyen de la période postérieure a toujours été substitué à celui de la période antérieure et la conscience ultérieure prêtée aux individus antérieurs.

Grâce à ce renversement qui fait d'emblée abstraction des conditions réelles, il a été possible de transformer toute l'histoire en un processus de développement de la conscience.

La conception de l'histoire que nous venons de développer nous donne encore finalement les résultats suivants :

Dans le développement des forces productives, il arrive un stade où naissent des forces productives et des moyens de circulation qui ne peuvent être que néfastes dans le cadre des rapports existants et ne sont plus des forces productives, mais des forces destructrices (le machinisme et l'argent), – et, fait lié au précédent, il naît une classe qui supporte toutes les charges de la société, sans jouir de ses avantages, qui est expulsée de la société et se trouve, de force, dans l'opposition la plus ouverte avec toutes les autres classes.

Une classe que forme la majorité des membres de la société et d'où surgit la conscience de la nécessité d'une révolution radicale, conscience qui est la conscience communiste et peut se former aussi, bien entendu, dans les autres classes quand on voit la situation de cette classe...

Les conditions dans lesquelles on peut utiliser des forces productives déterminées, sont les conditions de la domination d'une classe déterminée de la société ; la puissance sociale de cette classe, découlant de ce qu'elle possède, trouve régulièrement son expression pratique sous forme idéaliste dans le type d'État propre à chaque époque ; c'est pourquoi toute lutte révolutionnaire est dirigée contre une classe qui a dominé jusqu'alors.

Dans toutes les révolutions antérieures, le mode d'activité restait inchangé et il s'agissait seulement d'une autre distribution de cette activité, d'une nouvelle répartition du travail entre d'autres personnes ; la révolution communiste par contre est dirigée contre le mode d'activité antérieur, elle supprime le travail et abolit la domination de toutes les classes en abolissant les classes elles-mêmes, parce qu'elle est effectuée par la classe qui n'est plus considérée comme une classe dans la société, qui n'est plus reconnue comme telle et qui est déjà l'expression de la dissolution de toutes les classes, de toutes les nationalités, etc., dans le cadre de la société actuelle..

Une transformation massive des hommes s'avère nécessaire pour la création en masse de cette conscience communiste, comme aussi pour mener la chose elle-même à bien ; or, une telle transformation ne peut s'opérer que par un mouvement pratique, par une révolution ; cette révolution n'est donc pas seulement rendue nécessaire parce qu'elle est le seul moyen de renverser la classe dominante, elle l'est également parce que seule une révolution permettra à la classe qui renverse l'autre de balayer toute la pourriture du vieux système qui lui colle après et de devenir apte à fonder la société sur des bases nouvelles.

C. COMMUNISME PRODUCTION DU MODE D'ÉCHANGES LUI-MÊME

Le communisme se distingue de tous les mouvements qui l'ont précédé jusqu'ici en ce qu'il bouleverse la base de tous les rapports de production et d'échanges antérieurs et que, pour la première fois, il traite consciemment toutes les conditions naturelles préalables comme des créations des hommes qui nous ont précédé jusqu'ici, qu'il dépouille celles-ci de leur caractère naturel et les soumet à la puissance des individus unis. De ce fait, son organisation est essentiellement économique, elle est la création matérielle des conditions de cette union ; elle fait des conditions existantes les conditions de l'union. L'état de choses que crée le communisme est précisément la base réelle qui rend impossible tout ce qui existe indépendamment des individus – dans la mesure toutefois où cet état de choses existant est purement et simplement un produit des relations antérieures des individus entre eux. Pratiquement, les communistes traitent donc les conditions créées par la production et le commerce avant eux comme des facteurs inorganiques, mais ils ne s'imaginent pas pour autant que-le plan ou la raison d'être des générations antérieures ont été de leur fournir des matériaux, et ils ne croient pas davantage que ces conditions aient été inorganiques aux yeux de ceux qui les créaient. La différence entre l'individu personnel et l'individu contingent n'est pas une distinction du concept, mais un fait historique. Cette distinction a un sens différent à des époques différentes : par exemple, l'ordre [en tant que classe sociale] pour l'individu au XVIIIe siècle, et la famille aussi plus ou moins.

C'est une distinction que nous n'avons pas, nous, à faire pour chaque époque, mais que chaque époque fait elle-même parmi les différents éléments qu'elle trouve à son arrivée, et cela non pas d'après un concept, mais sous la pression des conflits matériels de la vie. Ce qui apparaît comme contingent à l'époque postérieure, par opposition à l'époque antérieure, même parmi les éléments hérités de cette époque antérieure, est un mode d'échanges qui correspondait à un développement déterminé des forces productives. Le rapport entre forces productives et forme d'échanges est le rapport entre le mode d'échanges et l'action ou l'activité des individus. (La forme fondamentale de cette activité est naturellement la forme matérielle dont dépend toute autre forme intellectuelle, politique, religieuse, etc. Bien entendu, la forme différente que prend la vie matérielle est chaque fois dépendante des besoins déjà développés, et la production de ces besoins, tout comme leur satisfaction, est elle-même un processus historique que nous ne trouverons jamais chez un mouton ou chez un chien (argument capital de Stirner adversus hominem, à faire dresser les cheveux sur la tête) bien que moutons et chiens, sous leur forme actuelle, soient, mais malgré eux, des produits d'un processus historique.) Tant que la contradiction n'est pas apparue, les conditions dans lesquelles les individus entrent en relations entre eux sont des conditions inhérentes à leur individualité ; elles ne leur sont nullement extérieures et seules, elles permettent à ces individus déterminés et existant dans des conditions déterminées, de produire leur vie matérielle et tout ce qui en découle ; ce sont donc des conditions de leur affirmation active de soi et elles sont produites par cette affirmation de soi.

En conséquence, tant que la contradiction n'est pas encore intervenue, les conditions déterminées, dans lesquelles les individus produisent, correspondent donc à leur limitation effective, à leur existence bornée, dont le caractère limité ne se révèle qu'avec l'apparition de la contradiction et existe, de ce fait, pour la génération postérieure. Alors, cette condition apparaît comme une entrave accidentelle, alors on attribue aussi à l'époque antérieure la conscience qu'elle était une entrave.

Ces différentes conditions, qui apparaissent d'abord comme conditions de la manifestation de soi, et plus tard comme entraves de celle-ci, forment dans toute l'évolution historique une suite cohérente de modes d'échanges dont le lien consiste dans le fait qu'on remplace la forme d'échanges antérieure, devenue une entrave, par une nouvelle forme qui correspond aux forces productives plus développées, et, par là même, au mode plus perfectionné de l'activité des individus, forme qui à son tour devient une entrave et se trouve alors remplacée par une autre. Étant donné qu'à chaque stade ces conditions correspondent au développement simultané des forces productives, leur histoire est du même coup l'histoire des forces productives qui se développent et sont reprises par chaque génération nouvelle et elle est de ce fait l'histoire du développement des forces des individus eux-mêmes.

Ce développement se produisant naturellement, c'est-à-dire n'étant pas subordonné à un plan d'ensemble établi par des individus associés librement, il part de localités différentes, de tribus, de nations, de branches de travail différentes, etc., dont chacune se développe d'abord indépendamment des autres et n'entre que peu à peu en liaison avec les autres. De plus, il ne procède que très lentement ; les différents stades et intérêts ne sont jamais complètement dépassés, mais seulement subordonnés à l'intérêt qui triomphe et ils se traînent encore pendant des siècles à ses côtés. Il en résulte que, à l'intérieur de la même nation, les individus ont des développements tout à fait différents, même abstraction faite de leurs conditions de fortune, et il s'ensuit également qu'un intérêt antérieur, dont le mode d'échange particulier de relations est déjà supplanté par un autre correspondant à un intérêt postérieur, reste longtemps encore en possession d'une force traditionnelle dans la communauté apparente et qui est devenue autonome en face des individus (État, droit) ; seule une révolution est, en dernière instance, capable de briser ce système. C'est ce qui explique également pourquoi, lorsqu'il s'agit de points singuliers, qui permettent une synthèse plus générale, la conscience peut sembler parfois en avance sur les rapports empiriques contemporains, si bien que dans les luttes d'une période postérieure, on peut s'appuyer sur des théoriciens antérieurs comme sur une autorité.

Par contre, dans les pays comme l'Amérique du Nord, qui débutent d'emblée dans une période historique déjà développée, le développement se fait avec rapidité. De tels pays n'ont pas d'autre condition naturelle préalable que les individus qui s'y établissent et qui y furent amenés par les modes d'échanges des vieux pays, qui ne correspondent pas à leurs besoins. Ces pays commencent donc avec les individus les plus évolués du vieux monde, et par suite avec la forme de relations la plus développée correspondant à ces individus, avant même que ce système d'échanges ait pu s'imposer dans les vieux pays. C'est le cas de toutes les colonies dans la mesure où elles ne sont pas de simples bases militaires ou commerciales. Carthage, les colonies grecques et l'Islande aux XIe et XIIe siècles, en fournissent des exemples. Un cas analogue se présente dans la conquête, lorsqu'on apporte tout fait dans le pays conquis le mode d'échanges qui s'est développé sur un autre sol ; dans son pays d'origine, cette forme était encore grevée par les intérêts et les conditions de vie des époques précédentes, mais ici, au contraire, elle peut et doit s'implanter totalement et sans entraves, ne fût-ce que pour assurer une puissance durable au conquérant. (L'Angleterre et Naples après la conquête normande, où elles connurent la forme la plus accomplie de l'organisation féodale.)

Donc, selon notre conception, tous les conflits de l'histoire ont leur origine dans la contradiction entre les forces productives et le mode d'échanges.

Il n'est du reste pas nécessaire que cette contradiction soit poussée à l'extrême dans un pays pour provoquer des conflits dans ce pays même. La concurrence avec des pays dont l'industrie est plus développée, concurrence provoquée par l'extension du commerce international, suffit à engendrer une contradiction de ce genre, même dans les pays dont l'industrie est moins développée (par exemple, le prolétariat latent en Allemagne dont la concurrence de l'industrie anglaise provoque l'apparition).

Cette contradiction entre les forces productives et le mode d'échanges qui, comme nous l'avons déjà vu, s'est produite plusieurs fois déjà dans l'histoire jusqu'à nos jours, sans toutefois en compromettre la base fondamentale, a dû chaque fois éclater dans une révolution, prenant en même temps diverses formes accessoires, telles que totalité des conflits, heurts de différentes classes, contradictions de la conscience, lutte idéologique, etc., lutte politique, etc. D'un point de vue borné, on peut dès lors abstraire l'une de ces formes accessoires et la considérer comme la base de ces révolutions, chose d'autant plus facile que les individus dont partaient les révolutions se faisaient eux-mêmes des illusions sur leur propre activité, selon leur degré de culture et le stade de développement historique.

La transformation par la division du travail des puissances personnelles (rapports) en puissances objectives ne peut pas être abolie du fait que l'on s'extirpe du crâne cette représentation générale, mais uniquement si les individus soumettent à nouveau ces puissances objectives et abolissent la division du travail.

Ceci n'est pas possible sans la communauté. C'est seulement dans la commun [avec d'autres que chaque] individu a les moyens de développer ses facultés dans tous les sens ; c'est seulement dans la communauté que la liberté personnelle est donc possible. Dans les succédanés de communautés qu'on a eus jusqu'alors, dans l'État, etc., la liberté personnelle n'existait que pour les individus qui s'étaient développés dans les conditions de la classe dominante et seulement dans la mesure où ils étaient des individus de cette classe. La communauté apparente, que les individus avaient jusqu'alors constituée, prit toujours une existence indépendante vis-à-vis d'eux et, en même temps, du fait qu'elle représentait l'union d'une classe face à une autre, elle représentait non seulement une communauté tout à fait illusoire pour la classe dominée, mais aussi une nouvelle chaîne. Dans la communauté réelle, les individus acquièrent leur liberté simultanément à leur association, grâce à cette association et en elle.

Il découle de tout le développement historique jusqu'à nos jours que les rapports collectifs dans lesquels entrent les individus d'une classe et qui étaient toujours conditionnés par leurs intérêts communs vis-à-vis d'un tiers, furent toujours une communauté qui englobait ces individus uniquement en tant qu'individus moyens, dans la mesure où ils vivaient dans les conditions d'existence de leur classe ; c'était donc là, en somme, des rapports auxquels ils participaient non pas en tant qu'individus, mais en tant que membres d'une classe.

Par contre, dans la communauté des prolétaires révolutionnaires qui mettent sous leur contrôle toutes leurs propres conditions d'existence et celles de tous les membres de la société, c'est l'inverse qui se produit : les individus y participent en tant qu'individus. Et, (bien entendu à condition que l'association des individus s'opère dans le cadre des forces productives qu'on suppose maintenant développées), c'est cette réunion qui met les conditions du libre développement des individus et de leur mouvement sous son contrôle, tandis qu'elles avaient été jusque là livrées au hasard et avaient adopté une existence autonome vis-à-vis des individus, précisément du fait de leur séparation en tant qu'individus et de leur union nécessaire, impliquée par la division du travail, mais devenue, du fait de leur séparation en tant qu'individus, un lien qui leur était étranger. L'association connue jusqu'ici n'était nullement l'union volontaire (que l'on nous représente par exemple dans Le Contrat social), mais une union nécessaire, sur la base des conditions à l'intérieur desquelles les individus jouissaient de la contingence (comparer, par exemple, la formation de l'État de l'Amérique du Nord et les républiques de l'Amérique du Sud). Ce droit de pouvoir jouir en toute tranquillité de la contingence à l'intérieur de certaines conditions, c'est ce qu'on appelait jusqu'à présent la liberté personnelle. – Ces conditions d'existence ne sont naturellement que les forces productives et les modes d'échanges de chaque période.

Si l'on considère, du point de vue philosophique, le développement des individus dans les conditions d'existence commune des ordres et des classes qui se succèdent historiquement et dans les représentations générales qui leur sont imposées de ce fait, on peut, il est vrai, s'imaginer facilement que le genre ou l'homme se sont développés dans ces individus ou qu'ils ont développé l'homme ; vision imaginaire qui donne de rudes camouflets à l'histoire. On peut alors comprendre ces différents ordres et différentes classes comme des spécifications de l'expression générale, comme des subdivisions du genre, comme des phases de développement de l'homme.

Cette subordination des individus à des classes déterminées ne peut être abolie tant qu'il ne s'est pas formé une classe qui n'a plus à faire prévaloir un intérêt de classe particulier contre la classe dominante.

Les individus sont toujours partis d'eux-mêmes, naturellement pas de l'individu « pur » au sens des idéologues, mais d'eux-mêmes dans le cadre de leurs conditions et de leurs rapports historiques donnés. Mais il apparaît au cours du développement historique, et précisément par l'indépendance qu'acquièrent les rapports sociaux, fruit inévitable de la division du travail, qu'il y a une différence entre la vie de chaque individu, dans la mesure où elle est personnelle, et sa vie dans la mesure où elle est subordonnée à une branche quelconque du travail et aux conditions inhérentes à cette branche.

(Il ne faut pas entendre par là que le rentier ou le capitaliste, par exemple, cessent d'être des personnes ; mais leur personnalité est conditionnée par des rapports de classe tout à fait déterminés et cette différence n'apparaît que par opposition à une autre classe et ne leur apparaît à eux-mêmes que le jour où ils font banqueroute). Dans l'ordre (et plus encore dans la tribu), ce fait reste encore caché ; par exemple, un noble reste toujours un noble, un roturier reste toujours un roturier, abstraction faite de ses autres rapports ; c'est une qualité inséparable de son individualité. La différence entre l'individu personnel opposé à l'individu en sa qualité de membre d'une classe, la contingence des conditions d'existence pour l'individu n'apparaissent qu'avec la classe qui est elle-même un produit de la bourgeoisie. C'est seulement la concurrence et la lutte des individus entre eux qui engendrent et développent cette contingence en tant que telle. Par conséquent, dans la représentation, les individus sont plus libres sous la domination de la bourgeoisie qu'avant, parce que leurs conditions d'existence leur sont contingentes ; en réalité, ils sont naturellement moins libres parce qu'ils sont beaucoup plus subordonnés à une puissance objective. La différence avec l'ordre apparaît surtout dans l'opposition entre bourgeoisie et prolétariat. Lorsque l'ordre des citoyens des villes, les corporations, etc. apparurent en face de la noblesse terrienne, leurs conditions d'existence, propriété mobilière et travail artisanal, qui avaient déjà existé de façon latente avant qu'ils ne fussent séparés de l'association féodale, apparurent comme une chose positive, que l'on fit valoir contre la propriété foncière féodale et qui, pour commencer, prit donc à son tour la forme féodale à sa manière.

Sans doute les serfs fugitifs considéraient leur état de servitude précédent comme une chose contingente à leur personnalité : en cela, ils agissaient simplement comme le fait toute classe qui se libère d'une chaîne et, alors, ils ne se libéraient pas en tant que classe, mais isolément. De plus, ils ne sortaient pas du domaine de l'organisation par ordres, mais formèrent seulement un nouvel ordre et conservèrent leur mode de travail antérieur dans leur situation nouvelle et ils élaborèrent ce mode de travail en le libérant des liens du passé qui ne correspondaient déjà plus au point de développement qu'il avait atteint.
Chez les prolétaires, au contraire, leurs conditions de vie propre, le travail et, de ce fait, toutes les conditions d'existence de la société actuelle, sont devenues pour eux quelque chose de contingent, sur quoi les prolétaires isolés ne possèdent aucun contrôle et sur quoi aucune organisation sociale ne peut leur en donner. La contradiction entre la personnalité du prolétaire en particulier, et les conditions de vie qui lui sont imposées, c'est-à-dire le travail, lui apparaît à lui-même, d'autant plus qu'il a déjà été sacrifié dès sa prime jeunesse et qu'il n'aura jamais la chance d'arriver dans le cadre de sa classe aux conditions qui le feraient passer dans une autre classe. Donc, tandis que les serfs fugitifs ne voulaient que développer librement leurs conditions d'existence déjà établies et les faire valoir, mais ne

parvenaient en dernière instance qu'au travail libre, les prolétaires, eux, doivent, s'ils veulent s'affirmer en valeur en tant que personne, abolir leur propre condition d'existence antérieure, laquelle est, en même temps, celle de toute la société jusqu'à nos jours, je veux dire, abolir le travail.

Ils se trouvent, de ce fait, en opposition directe avec la forme que les individus de la société ont jusqu'à présent choisie pour expression d'ensemble, c'est-à-dire en opposition avec l'État et il leur faut renverser cet État pour réaliser leur personnalité.

ANNEXE THÈSES SUR FEUERBACH

1. AD Feuerbach

I
Le principal défaut, jusqu'ici, du matérialisme de tous les philosophes – y compris celui de Feuerbach est que l'objet, la réalité, le monde sensible n'y sont saisis que sous la forme d'objet ou d'intuition, mais non en tant qu'activité humaine concrète, en tant que pratique, de façon non subjective. C'est ce qui explique pourquoi l'aspect actif fut développé par l'idéalisme, en opposition au matérialisme, – mais seulement abstraitement, car l'idéalisme ne connaît naturellement pas l'activité réelle, concrète, comme telle. Feuerbach veut des objets concrets, réellement distincts des objets de la pensée ; mais il ne considère pas l'activité humaine elle-même en tant qu'activité objective. C'est pourquoi dans l'Essence du christianisme, il ne considère comme authentiquement humaine que l'activité théorique, tandis que la pratique n'est saisie et fixée par lui que dans sa manifestation juive sordide. C'est pourquoi il ne comprend pas l'importance de l'activité « révolutionnaire », de l'activité « pratique-critique ».

II

La question de savoir s'il y a lieu de reconnaître à la pensée humaine une vérité objective n'est pas une question théorique, mais une question pratique. C'est dans la pratique qu'il faut que l'homme prouve la vérité, c'est-à-dire la réalité, et la puissance de sa pensée, dans ce monde et pour notre temps. La discussion sur la réalité ou l'irréalité d'une pensée qui s'isole de la pratique, est purement scolastique.

III

La doctrine matérialiste qui veut que les hommes soient des produits des circonstances et de l'éducation, que, par conséquent, des hommes transformés soient des produits d'autres circonstances et d'une éducation modifiée, oublie que ce sont précisément les hommes qui transforment les circonstances et que l'éducateur a lui-même besoin d'être éduqué. C'est pourquoi elle tend inévitablement à diviser la société en deux parties dont l'une est au-dessus de la société (par exemple chez Robert Owen).

La coïncidence du changement des circonstances et de l'activité humaine ou auto-changement ne peut être considérée et comprise rationnellement qu'en tant que pratique révolutionnaire.

IV

Feuerbach part du fait que la religion rend l'homme étranger à lui-même et dédouble le monde en un monde religieux, objet de représentation, et un monde temporel. Son travail consiste à résoudre le monde religieux en sa base temporelle.

Il ne voit pas que, ce travail une fois accompli, le principal reste encore à faire. Le fait, notamment, que la base temporelle se détache d'elle-même, et se fixe dans les nuages, constituant ainsi un royaume autonome, ne peut s'expliquer précisément que par le déchirement et la contradiction internes de cette base temporelle. Il faut donc d'abord comprendre celle-ci dans sa contradiction pour la révolutionner ensuite pratiquement en supprimant la contradiction.

Donc, une fois qu'on a découvert, par exemple, que la famille terrestre est le secret de la famille céleste, c'est la première désormais dont il faut faire la critique théorique et qu'il faut révolutionner dans la pratique.

V

Feuerbach, que ne satisfait pas la pensée abstraite, en appelle à l'intuition sensible ; mais il ne considère pas le monde sensible en tant qu'activité pratique concrète de l'homme.

VI

Feuerbach résout l'essence religieuse en l'essence humaine. Mais l'essence de l'homme n'est pas une abstraction inhérente à l'individu isolé.

Dans sa réalité, elle est l'ensemble des rapports sociaux.

Feuerbach, qui n'entreprend pas la critique de cet être réel, est par conséquent obligé :

1. De faire abstraction du cours de l'histoire et de faire de l'esprit religieux une chose immuable, existant pour elle-même, en supposant l'existence d'un individu humain abstrait, isolé.

2. De considérer, par conséquent, l'être humain uniquement en tant que « genre », en tant qu'universalité interne, muette, liant d'une façon purement naturelle les nombreux individus.

VII

C'est pourquoi Feuerbach ne voit pas que l'« esprit religieux » est lui-même un produit social et que l'individu abstrait qu'il analyse appartient en réalité à une forme sociale déterminée.

VIII

Toute vie sociale est essentiellement pratique. Tous les mystères qui détournent la théorie vers le mysticisme trouvent leur solution rationnelle dans la pratique humaine et dans la compréhension de cette pratique.

IX

Le résultat le plus avancé auquel atteint le matérialisme intuitif, c'est-à-dire le matérialisme qui ne conçoit pas l'activité des sens comme activité pratique, est la façon de voir des individus isolés et de la société bourgeoise.

X

Le point de vue de l'ancien matérialisme est la société « bourgeoise ». Le point de vue du nouveau matérialisme, c'est la société humaine, ou l'humanité socialisée.

XI

Les philosophes n'ont fait qu'interpréter le monde de différentes manières, ce qui importe c'est de le transformer.